"Et si dieu n'était pas à la hauteur de nos espérances?!" a été écrit par Laurent GRANIER.

L'œuvre écrite est protégée par les lois de la Convention de Berne au sujet de la propriété intellectuelle.

Tous les droits sont réservés et exclusifs sur la totalité ou quelque partie du texte, dans n'importe quelle langue, sur l'histoire et sur l'idée, quel que soit le support ou l'adaptation.

This book has been written by Laurent GRANIER.

Work protected by Bern Convention Laws about Intellectual Property.

All rights reserved and exclusive for a part or the entire text, in any language, for the story and for the idea.

The Cocker Publisher.
www.thecockerpublisher.com

For all order, comment or dedication :
contact@thecockerpublisher.com
Copyright © 2010 and 2015 Laurent A.C. GRANIER.
All rights reserved.

ISBN: 978-2-9515070-4-3
ISBN-13: 9782951507043

Et si dieu n'était pas à la hauteur de nos espérances ?!

La possibilité de l'existence de dieu.

L'incertitude est une nécessité.

Traité de philosophie de métaphysique par le raisonnement mathématique

Par **Laurent A.C. GRANIER**
Maître-Philosophe, Théoricien

Sommaire

Prologue et préparation ___ 7

La possibilité de l'existence d'un dieu ___ 11

La possibilité de l'existence et de la valeur de dieu par le raisonnement mathématique ___ 19

  * La probabilité de son existence ___ 19

  * Les possibilités de sa valeur ___ 26

La possibilité de l'existence du Bien et du Mal ___ 41

  * L'homme et, le Bien et le Mal ___ 54

La possibilité de l'existence du choix ___ 75

La possibilité de l'existence du péché ___ 87

  * La tentation nécessaire ___ 87

La possibilité de l'existence du Jugement et de la Punition ___ 95

  * La responsabilité de nos actes ___ 95

La possibilité de l'existence du Pardon ___ 103

La possibilité de l'existence de la Rédemption ___ 107

La possibilité de l'existence du Paradis ___ 111

La possibilité de l'existence de dieu, ou les nécessités ___ 117

  * Pourquoi dieu ne prouve-t-il pas l'existence d'une vie post-mortem ? ___ 117

  * Pourquoi la vie post-mortem serait-elle éternelle ? ___ 122

  * Pourquoi dieu ne prouve-t-il pas son existence ? ___ 126

La Relativité et la Mécanique Quantique. _____ *129*
Une fin de construction. _____ *135*

Prologue et préparation

Avant toute chose, il est nécessaire de se préparer mentalement à ce que nous allons aborder. Ce travail au préalable est indispensable à la parfaire compréhension de ce traité.

Les idées, les pensées, pour la plupart, même les certitudes de base, ancrées depuis plusieurs années par votre croyance et votre éducation vont être mises à mal.

Il est certain qu'une ouverture d'esprit doit être résolument de mise pour pouvoir comprendre, assimiler, et peut être accepter des choses qui pourraient bousculer, voire rendre obsolète ou caduc ce que la pédagogie civile ou religieuse a admis depuis toujours.

Nous allons donc, et surtout, laisser la main sur le garde-fou qu'est l'objectivité, qui, elle-même, est la base de l'honnêteté intellectuelle par le fait d'accepter les possibilités les plus extravagantes tant qu'elles ne sont pas démontrées fausses par leur inexistence.

Pour cela, il est obligatoire de faire un travail sur son propre mode de raisonnement en oubliant tous les préjugés de quelque nature qu'ils soient.

Il vous faut alors rejeter toutes vos opinions et toutes vos croyances personnelles afin d'être vierge et imperméable à toute influence intéressée. Elles tendent à faire interpréter à leurs avantages toute pensée, jusqu'à déformer l'honnêteté, jusqu'à écarter les possibilités qui ne nous conviennent pas, qui n'arrangent pas nos convictions, pourtant hypothétiques.

Pour une compréhension aisée, nous traiterons ce que nous appellerons d'une manière générale « croyance », ce qui représente aussi le terme « religion ».

Il est absolument évident qu'il vous faut garder toujours à l'esprit le fait que toutes les pistes que nous allons explorer et développer, ne sont que des hypothèses. Comme le sont d'ailleurs les termes « contractuels » et les caractères symboliques de votre obédience, si vous en avez une.

Quoi qu'il en soit, le mode de réflexion n'est pas de chercher à déterminer les arguments qui avantageraient telle ou telle théorie.
La neutralité doit être absolue et de rigueur.

Il vous faut, par conséquent, employer toute votre attention à chercher tout argument qui pourrait les étayer, mais aussi et surtout à énumérer, sans concession ni compromis, toutes les contradictions qui pourraient les affaiblir, ou même les détruire. Ces dernières pourraient alors servir de bases pour l'élaboration de nouvelles théories, et ce, nous permettant d'aller toujours au plus proche de l'exhaustivité tant recherchée.

« Conditionné par ce déconditionnement » spirituel, en suivant ce mode strict de fonctionnement de la pensée et surtout en annihilant toute présence de paramètres parasites liés à une religion ou toute autre croyance, nous allons pouvoir commencer notre quête, notre analyse.

Juste une petite précision. L'athéisme est à considérer comme une croyance puisqu'il définit le fait de croire qu'il n'existe rien d'autre que ce qui est visible et concret.
Cette approche serait à estimer comme le fait d'une croyance en un dieu inexistant... Une hypothèse, une motivation de vie, comme toute autre.

Toute personne est croyante à partir du moment où elle est douée de la pensée consciente de son état.
Croire en rien, comme au néant, est aussi croire.

La possibilité de l'existence d'un dieu

Quelles que soient les discussions, quelles que soient les opinions, quels que soient les intervenants, croyants, « non-croyants », et incrédules de tout genre, face à la question de la possibilité de l'existence de dieu, la réelle réponse est comprise dans ces deux éventualités et seulement ces deux :
- il existe
- il n'existe pas.

La vérité est là.
Nous pouvons donc dire la vérité, répondre à une question aussi difficile, en énonçant simplement la liste exhaustive des possibilités.
C'est aussi simple que cela.
L'une ou l'autre de ces affirmations est la réponse.

Notre problème secondaire est de connaître laquelle est-ce. Et pour cela, il nous faut donc la trouver. Ou, du moins, la déterminer en adoptant le système de réflexion par l'absurde, en découvrant laquelle est fausse.
Certes, nous pourrions attendre la fin de notre vie ici-bas pour obtenir « automatiquement » la réponse.

Mais, d'une part, quelle serait la saveur du mystère si nous en connaissions sa résolution en allant directement à la fin du livre ?

Puis, d'autre part, cette « stratégie » pourrait s'avérer infructueuse par bien des égards. En effet, en supposant qu'il n'y ait rien après la vie que le néant, nous ne pourrions nous en apercevoir. Plus rien n'aurait d'importance pour soi-même d'ailleurs. Et si nous avions pu en avoir connaissance auparavant, nous aurions appréhendé notre vie bien différemment, et notre société aurait été d'une autre forme que celle que nous avons forgée. Tout jugement sur nos actes n'étant pas comptabilisé systématiquement, nous ne pourrions craindre que celui des hommes ; et le jeu serait alors de ne pas se faire « prendre ». Mais cela est une autre histoire...

L'autre point délicat de ce choix facile se porte sur la non négligeable probabilité de son aspect stérile au cas où notre vie présente ne serait qu'un épisode d'une vie « globale », ou ce que nous pouvons aussi nommer la « vie successive ». Nous constatons par notre existence actuelle, notre ignorance, comme le démontre bien notre discussion. C'est un fait acquis. Donc, même s'il nous était apporté « la » réponse au cours de ces « parenthèses » entre deux existences terrestres successives, il va de soi que ce savoir ne nous suit pas lors du passage à la vie suivante. Pire, nous pouvons observer qu'il ne nous reste aucune trace d'expériences passées puisque nous n'évoluons guère au cours des vies, un bilan vérifié par le phénomène récurrent des comportements sociaux et politiques des individus dans les sociétés au cours des siècles.

D'ailleurs, le dogme généraliste de la réincarnation porte son attention sur l'héritage influant sur la suite, en la conversion par une équivalence charnelle et morphologique de nos actes commis durant nos vies terrestres précédentes. Ainsi, la réincarnation, sous une certaine forme, est « sans réponse », et sous une autre, elle n'est qu'une réponse « flash », d'un usage temporaire et segmenté, que nous ne pouvons assimiler et exploiter afin de réagir au mieux au cours de nos vies futures.

Dans de nombreux cas, théorie de la réincarnation comprise, il nous faudrait alors attendre ce fameux « jugement dernier », pour enfin savoir de quoi il retourne exactement, et obtenir, du moins espérons-le, une réponse.

Éliminons donc, d'emblée, la théorie de la « non-existence », non pas qu'il est possible d'apporter une preuve de son existence, ou qu'il n'y en ait pas de son inexistence, mais plutôt pour une simple et évidente raison.
Dans cette éventualité, il n'y a aucune discussion à avoir sur les différentes formes sous laquelle dieu pourrait être, et sur les aspirations qu'il pourrait avoir.

Discuter sur le « Vide » n'est que parler pour ne rien dire.

Seules les élaborations des explications scientifiques du « Pourquoi » et du « Comment » sur la création d'une existence à partir de « Rien » seraient intéressantes à aborder. Il serait même encore plus difficile de trouver une explication à l'existence de l'Univers, et surtout à celle de la Vie, sans l'étincelle magique du divin.

Avec ses facultés intrinsèques d'omnipotence, dieu peut tout se permettre, et donc n'avoir à donner aucune explication scientifique, ou à suivre aucune logique pour justifier ses diverses et variées créations et élaborations, tant vivantes qu'inorganiques.

Il a voulu, et cela a été. Point.

Hors de cette « aisance », comment expliquer ce qu'est le « Néant », et encore plus difficile, comment quelque chose pourrait naître du néant.

L'inexistant pourrait alors donner lieu à la formation de l'existant, et ce, par une manière cartésienne.

Voilà bien un paradoxe puisque le raisonnement de ce mode d'appréhension intellectuelle de la réalité est basé sur le fondement péremptoire de la valeur de nullité absolue du « zéro »...

Seule une explication scientifique pourrait s'approcher de cette équation antinomique en adoptant, par exemple, l'établissement de l'hypothèse que le « non-existant » n'est pas inexistant, mais plutôt une forme négative de l'existant.

Nous pouvons admettre que cette approche flirte avec la métaphysique, ou du moins, entrevoir que la réalité réelle (sic) est faite de liaisons universelles et entremêlées, que tout est lié, ou du moins, que rien n'est indépendant.

Le point crucial de la faille du raisonnement cartésien « scientifique » « pur » et obtus, est que, quel que soit son avancement ou sa maturité dans la connaissance, il sera toujours confronté, au final, à la nécessité du recours à l'aide spirituelle, puisqu'au fur et à mesure que sa recherche concrète réduit son échelle d'observation, elle ne fait que repousser le stade originel du fonctionnement du mécanisme tant biologique que physique et chimique.

Nous reviendrons sur ce sujet dans un autre traité, celui de l'Évolution.

Quoi qu'il en soit, la « non-existence » est une et irréductible, et son exploration tant intellectuelle que spirituelle ne donne que dans un cul-de-sac, d'autant plus lorsqu'on discute d'une cause originelle, ou de dieu.

En effet, l'aberration est atteinte par l'antinomie absolue exprimée ici, dans la juxtaposition d'une origine et de sa cause, puisque la première devient une conséquence par le seul énoncé de son explication, mais, par l'évidence de la logique, cette dernière anéantit ce point originel qui ne peut plus être considéré comme tel, un point de départ.

La seule échappatoire serait alors de déconsidérer le temps, voire d'ignorer ce facteur, ou de l'intégrer à un autre paramètre, de le prendre en compte seulement comme une sous-dimension.

En attendant, cette myriade d'élucubrations, « Rien » est rien.

Et la réflexion peut être vite lassante.

En revanche, la possibilité de l'existence ouvre la porte à une multitude de théories possibles, ce qui mène à des discussions bien plus intéressantes.

Une fois la « non-existence » de dieu abordée et traitée sans mesure, son existence est l'unique autre solution.

D'ailleurs, il est certain que, malgré le raisonnement par l'absurde, si la « non-existence » de dieu était démontrée, cela ne définirait pas qu'il n'existe rien, mais plutôt qu'une autre forme de gestion de l'Univers est à rechercher.

Il est vrai que plusieurs croyances font état de l'aspect multiple de la divinité, voire de plusieurs divinités se partageant un « royaume », une sorte d'état, dans lequel chacun aurait une ou plusieurs fonctions, ou ministères, avec la présence, plus ou moins, d'une hiérarchie.

Certaines autres théologies déclament plutôt une sorte d'entité.

Pour simplifier notre développement, nous aborderons l'aspect monothéiste des croyances.

Déjà, essayer de définir la plupart des possibilités d'existence est un important paragraphe dans le chemin de la compréhension, aussi, quant à la répartition du pouvoir entre plusieurs divinités, elle est relative à un autre discours.

Cependant, le polythéisme sera nécessairement évoqué, parfois abordé, au cours de notre « voyage », par suite de recoupement, ou pour étayer ou expliquer une éventualité.

Par conséquent, nous allons admettre, pour la théorie, qu'un dieu suprême et unique existe, détenteur de toutes les vérités et de tout pouvoir.

Nous allons aussi supposer qu'après la vie terrestre, qu'elle soit unique ou qu'elle soit la dernière de successives, nous puissions côtoyer ce dieu, et enfin d'en apprendre la vérité de toute chose, de la réelle valeur des faussetés et des vérités.

Nous allons simplement admettre les postulats que nous trouvons communément dans les croyances principalement répandues de nos jours où le dieu est exactement à l'image de sa parfaite définition.

Pour saisir cette stricte dichotomie d'hypothèses, et notamment la précaution à prendre sur la possibilité qui nous intéresse, nous pouvons concevoir le parallèle par le domaine de l'astronomie. Dieu serait semblable à une étoile qui aurait, proche de la ligne de mire depuis la Terre, un trou noir. Ce dernier absorberait son rayonnement lumineux, la rendant invisible, au point de faire ignorer à l'observateur terrien son existence, alors qu'elle est bien là, et même à lui faire croire, par un vide, en une inexistence, alors qu'il se trouve bien quelque chose.

Ne pas voir une présence ne prouve pas qu'elle n'existe pas.

Ce trou noir est le dogmatisme, sous toute forme ou toute appellation qu'il soit.

La possibilité de l'existence et de la valeur de dieu par le raisonnement mathématique

Nous allons utiliser le raisonnement mathématique, c'est-à-dire, la méthode cartésienne qui plaît tant aux esprits restreints par sa tournure « indiscutable », pour énumérer les probables aspects sous lesquels pourrait être dieu, et son « entourage » éventuel.

* La probabilité de son existence

La possibilité d'existence de toute chose inconnue relève de la probabilité d'un sur deux.
Deux éventualités : l'existence et la non-existence.
La vérité est là, dans ces deux possibilités.

Il en va pour celle de dieu, comme pour toute chose que nous pourrions imaginer, et même, celle que nous pourrions oublier d'imaginer...
La science recherche des preuves pour déterminer et valider une théorie sur l'explication de l'existence de l'Univers, et l'accepter comme donnée acquise et définitive.
Cependant, les manipulateurs de la « science » ont souvent utilisé des incertitudes, des erreurs de calcul « arrangeantes », et pas totalement « fortuites », pour démontrer, justifier et valider les théories de certains qui sont en « odeur de sainteté ».

D'ailleurs, les divergences d'opinions au sein de cette communauté officielle ne font étal que d'une connaissance reconnue uniquement par une acceptation majoritaire des acteurs, et non par une absolue conviction étayée par un raisonnement sensé et intelligent. Là aussi, la misérable loi de la démocratie règne dictatorialement sur l'intellect.

L'absence de preuves concernant l'existence ne démontre absolument pas la non-existence.
La probabilité originelle reste intacte.
La possibilité qu'une divinité existe, sous quelque forme qu'elle soit, repose sur cette probabilité de 1 sur 2.
La valeur entière est la base :
– existence 1, non-existence 0.

Si une chose existe, il y a 2 possibilités :
– qu'elle ait été créée délibérément,
– ou qu'elle soit le résultat d'une formation aléatoire
ou spontanée.

Si une chose n'existe pas, cela ne prouve pas l'inexistence d'un créateur, puisqu'il peut être sans avoir à exercer, et comme, apparemment, selon le raisonnement mathématique, « zéro » égale strictement « zéro », il est évident que « Rien » ne réalise absolument aucune formation d'une existence.

L'existence d'un « fabricant » peut donner lieu à de l'existence matérielle, ou à de la non-existence.

Et la non-existence d'un fabricant ne peut donner lieu à une existence matérielle.

Nous constatons que si dans le premier exemple, l'alternative, ou la probabilité, est bien réelle puisqu'elle s'évalue sur 2 modes éventuels, en revanche, pour le second, le résultat est unique, et le choix original n'est plus en compte.

Puisque notre environnement existe, cela fait une chance sur deux qu'il existe un concepteur, sous quelque forme qu'il soit, même sous une forme de « règle », comme une sorte de codex accompagné du listing des équations « décidées » fonctionnelles (physiques, chimiques, etc).

Mais la question suprême restera de savoir comment, et puis, qui ou quoi a déterminé ce choix du résultat en fonction de chaque équation précise.

Toute réponse apportera toujours une autre question apparemment « subalterne » du « Pourquoi et du Comment» quand la réduction d'observation du mécanisme est repoussée.

Cette interrogation scientifique n'a de raison que s'il n'y a pas un choix délibéré au départ de ce que nous nommerons d'une manière simpliste, « création ».

Le fait, que tel élément chimique associé à tel autre constitue tel composant ayant telle vertu, est la base du problème. Si ce résultat provient d'un choix ou d'une décision divine, cela est suffisant pour comprendre, ou du moins assimiler, la presque totalité de l'Univers puisque son côté infiniment petit se trouve enfin borné par ce postulat qui exprime enfin, à la fois, l'impossibilité et l'absence de nécessité de réduire davantage la recherche du « pourquoi ».

Certes, les plus « pointilleux » chercheront à comprendre le motif de cette décision. Mais pour cela, il leur faudra alors entrer dans la discussion directe avec le divin qui devra leur fournir une explication, si ce n'est étaler une argumentation pour justifier son choix. Un peu osé, non ?
En réponse, cela pourrait venir uniquement du fait qu'il faut bien choisir et définir une voie, et que parfois le but visible n'était pas nécessairement recherché.
Et même, par-dessus tout cela, quelle importance que l'eau soit bleue, les arbres verts, etc.

Et même, si les buts à atteindre sont tout autre, quelle importance d'y parvenir par l'association de tel et tel élément plutôt que par d'autres ?
En effet, si le choix s'est porté sur A + B pour obtenir C, et D + E pour avoir F, il aurait pu très bien faire que
A + B = F et que D + E = C.
Et il aurait obtenu quand même C et F.
Seules les formules seraient différentes, mais les résultats globaux seraient eux identiques à ce que nous connaissons, peut-être selon une répartition différente.

Le « choix » serait en fait une décision car, de toute façon, il en faut bien une, et il ne peut en exister qu'une seule. C'est l'établissement de « règles » strictes.

Et la dérogation à une seule est impossible, sauf par le pouvoir et le désir du divin, une capacité de violation qui constitue l'essence même de sa propre définition...

Dieu seul est, et, dieu seul peut être « anticonformiste ».

Ainsi, qu'importe le résultat au niveau secondaire, comme la couleur, par exemple, des choses.

Notre vie serait-elle différente si les arbres étaient bleus ?

Le fait d'aimer, ou de ne pas aimer ce décor, n'est que le résultat cérébral qui n'est, en fait, qu'une programmation de nos êtres. C'est l'adaptation environnementale par la persistance, une faculté qui rend les choses « normales » par son aspect routinier.

« L'Acquis » devenant « l'Inné ».

La nécessité de décision des résultats reviendrait-elle donc inévitablement à un dieu ?

L'aspect aléatoire n'est pas à négliger. Les décisions seraient alors uniquement ce qu'elles sont, tout comme elles auraient pu l'être différemment.

La question principale restante est la réalité d'un but, ou non.

Il est certain que beaucoup de choses existantes et ayant existé sont la résultante d'une « intelligence » extrinsèque motivée par un but à atteindre, un phénomène aisément identifiable dans le domaine animal, et même végétal, par son adaptation « évolutive ».

C'est à la fois une notion aléatoire et une notion volontaire d'organisation par l'assimilation du changement des contraintes et des paramètres.

Si ce supra « organisme de gestion » a un objectif « lointain » à atteindre, quel est-il ?

Et s'il n'en a pas, l'adaptation, qui est un fonctionnement dont la réalité est indiscutable, ne serait que la règle élémentaire de toute existence, la survie ; ce qui constitue cependant un but en soi. En effet, cette loi première répond directement à ce pourquoi l'être vivant existe fondamentalement, car si cette règle n'était pas élémentaire, l'existence n'aurait pas de raison, et le système organique entier s'étiolerait jusqu'à néant.

Nous pouvons même comprendre que l'absence de ce critère « législatif » exemplaire ferait un paradoxe existentiel au sein de la mécanique et de la programmatique, une difficulté insurmontable quant à sa pérennité.

La notion d'une existence ne peut être définie autrement que par une qualité permanente.

Cette démonstration est riche d'enseignement car elle pourrait confirmer qu'il y a bien une intelligence, qu'il y a bien une volonté délibérée puisqu'il y a bien un but, ne serait-ce que par le premier et fondamental qui exprime sans équivoque une logique absolue : priorité à sa propre vie, « coûte que coûte », et d'une manière absolument « égoïste ».

Ce dernier point qualificatif n'est pas à considérer comme un défaut.

Cette règle comporte cependant une ou deux exceptions lorsqu'elle se rapporte à la règle numéro 2, celle qui concerne la survie de l'espèce.

Tout le reste de cette approche théorique concerne un autre traité, celui sur l'Évolution.

Aussi, revenons à ce qui nous préoccupe.

La « machine » doit persister, quoi qu'il en soit, quels qu'en soient les moyens, quels qu'en soient les protagonistes, ou les victimes.

Ainsi, les notions de « Juste » et d'« Équité » seraient à écarter.

Tout autant que nos belles théories sur dieu.

S'il y a un but dans tout cela, est-il à notre avantage, comme si la « Nature » était uniquement à notre service ? Mais avec ce cas, cela reviendrait à supputer que dieu serait donc, indirectement, au nôtre…

Sa définition même serait alors une imposture.

La solution est donc ailleurs, comme le fait que l'Homme ne serait qu'un élément parmi tant d'autres.

Ainsi, le but général serait alors de trouver un ordre dans un, apparent, chaos.

La gestion permanente de la « Nature » serait de définir, à chaque changement, à chaque instant, un « rangement » par un autre équilibre.

Le chaos est la résultante du mouvement qui est géré par le passage du temps.

La « Vie » étant identifiée par le mouvement, le chaos serait la vie, et réciproquement.

Ainsi, la « Mort » serait alors l'ordre, l'immobilisme, voire l'adaptation figée.

Le combat incessant entre les deux pôles opposés constitue un équilibre par une chute en avant perpétuelle, à l'identique de la marche à pied qui est, en réalité, un déséquilibre permanent.

La théorie de la dualité, tant générale que divine, est une fois de plus appuyée.

L'aspect nouveau est de considérer le chaos comme la vie, et l'ordre, comme la mort. Cela ne convient certes plus à notre association intellectuelle tacite, et acquise par l'éducation, selon laquelle dieu, déjà défini par la « Vie », l'était aussi avec l'« Ordre ».

Les cartes en mains seraient donc bien différentes de celles qui nous apparaissaient depuis toujours, et le « jeu » auquel on participe, de même...

La répartition des rôles et de leurs définitions pourrait s'en trouver changé dans nos esprits et nos convictions, si tant est que nous n'ayons pas suivi les instructions du début pour rester intellectuellement neutre.

* Les possibilités de sa valeur

Nous allons donc continuer ce chamboulement spirituel en abordant une partie intéressante, les estimations possibles de la valeur de dieu.

Nous pourrons estimer sa position, son « camp », à l'aide du mode de raisonnement par les valeurs mathématiques, ce qui constitue une nouvelle approche dans le domaine philosophique, métaphysique et spirituel.

Le champ de démonstration utilisé est l'univers mathématique total, du « moins infini » au « plus infini ».

Première déclinaison

En partant du principe où dieu est juste, alors dans cet univers mathématique, nous pouvons lui attribuer la position de « zéro ».

Non pas pour sa valeur nulle, mais pour sa caractéristique spéciale. En effet, le « zéro » est unique par le fait qu'il n'est ni positif, ni négatif, c'est la valeur la plus absolue de par sa définition. Elle est aussi la seule à être considérée comme déterminée et finie.

Le « zéro » est le juste milieu par excellence, parfait par sa pile position située à une distance « précisément égale » entre les deux infinis.

Si on accepte la possibilité de dieu, on peut aussi accepter la possibilité de diable.

Et diable est l'opposé de dieu.

La contre-valeur de « zéro » est « zéro ».

L'opposé est son propre inverse, et l'inverse de « zéro » est « zéro » lui-même.

Par cette définition, la certitude est que l'ennemi de dieu est lui-même, ou que dieu et diable ne sont que la seule et même personne, une entité dont son côté positif aurait la dénomination de « dieu », et son côté négatif, celle de « diable ».

Ainsi, vouer un culte à l'un ou à l'autre ne serait en fait que l'estimation pour une seule des parties d'un même ensemble. Ce serait comme aimer exclusivement une des personnalités, tandis qu'on haï l'autre, d'une seule et même divinité schizophrène.

Seconde déclinaison

Optons désormais pour une autre démonstration mathématique.

Scindons cette entité en deux parties opposées distinctes, ou considérons-les comme dieu et diable.

Nous avons un point origine, « zéro », n'étant ni positif, ni négatif, tout en étant aussi les deux à la fois, et qui est bordé d'une part, par le groupe de l'infini positif (plus), et d'autre part, par celui de l'infini négatif (moins).

Prenons arbitrairement la valeur positive pour dieu, et la partie négative pour diable. Il faut considérer ce choix comme quelconque, car il peut être inversé sans aucune incidence sur la réflexion. L'essentiel est de les considérer comme totalement opposés, et absolument distincts l'un de l'autre. En effet, vu du diable, le côté négatif est celui de dieu. Et réciproquement.

Si nous considérons toujours notre champ d'exploration théorique comme une ligne dont le centre est le « zéro », nous pouvons observer la tendance de la valeur positive de dieu à se porter vers l'infini « plus », tandis qu'à contrario, son « double » opposé, son « existence » négative, se répand vers l'infini « moins ».

Nous pouvons ici exprimer les notions de « valeur » par terme de « existence ». Dans ce cas, diable serait l'existence négative de dieu, ce que nous pouvons nommer comme « non-existence ».

Ici, prend toute la subtilité de compréhension de la différence fondamentale entre la « non-existence » et l'« inexistence ».

Donc, une fois ces valeurs quelconques établies, nous constatons d'une part, que la notion de « Juste » n'est pas du domaine de dieu, puisque ce dernier est l'ensemble du « plus infini » sans comprendre le « zéro », et d'autre part, que dieu pourrait être tiraillé d'un côté par sa propension à l'excès de « Bien », qui le fait paradoxalement s'éloigner du « Juste », et d'un autre, par sa tendance à tenter de joindre le « zéro » pour aller vers le « Juste ».
Différemment, son légendaire rival, l'opposé configuré par l'ensemble des « moins », équivalents quantitatifs « Mal », ne trouve sa définition qu'en allant toujours davantage vers le « moins infini » dont le but unique est de s'éloigner au maximum du « Juste », du « zéro ».

Ainsi, nous pouvons admettre que ces deux parts, par définition exactement opposées, ne le sont en définitive pas dans leurs répartitions internes et dans leurs aspirations.

Peut-on alors persister à les considérer comme antinomiques ?
Peut-être, mais en aucune manière comme antithétiques.

Un paradoxe sur le plan du raisonnement mathématique est ainsi créé, ce qui entraîne une problématique d'ordre métaphysique...

Si dieu est, et représente absolument le camp du « Bien », il n'en est pas « juste » pour autant. Il en est même injuste, empreint de la subjectivité influencée par sa doctrine, l'identité de son « camp », tout au moins par la faute de sa position exclusive dans une des parties sans équivoque, ici, celle arbitraire positive, du « zéro ».

En considérant cette notion « positive », nous induisons l'inspection de la vision « négative » de la globalité des termes ornés du "moins".

Nous pouvons constater que diable, qui représente le « Mal », n'est pas « juste » puisqu'il n'est pas le « zéro », ou même ne le comprend pas, toujours selon les mêmes critères appliqués à l'espace « dieu ».

Si cette absence de liaison entre l'entité négative, en l'occurrence diable, et le caractère du « juste » nous est déjà concevable par sa définition intrinsèque que nous lui reconnaissons, il en est différemment pour celle de dieu.

En effet, le paradoxe équationnel est atteint car le « territoire » de diable n'a jamais « revendiqué » le domaine du « Juste », en revanche, celui de dieu en a toujours fait son symbole et sa propre définition.

Nous pouvons même découvrir que diable a été « honnête » par sa franchise et son absence de tromperie quant à ses aspirations, alors que dieu a entretenu une usurpation de ce « titre de propriété »...

Nous pourrions, pour rétablir nos petites idées préconçues, faire que l'ensemble « dieu » incorpore le « zéro ».

Mais alors, nous créons un autre vortex inintelligible.

Et ce, à deux titres.

Tout d'abord, selon le raisonnement mathématique, il est impossible d'accepter des définitions et des paramètres différents pour chacun des deux camps en parfaite opposition.

Il y aurait alors un déséquilibre, et le caractère fondamental de strict antagonisme ne pourrait être respecté.

Ensuite, comme le « zéro » est indiscutablement insécable, si l'ensemble du « positif » inclut la portion « plus » du « zéro », alors elle inclura aussi obligatoirement sa portion « moins ».

Le « Bien » aurait donc une partie, même infime, du « Mal »...

Dérangeant, non ?!

Nous pouvons essayer de « remettre de l'ordre » pour revenir à nos idées « terre-à-terre », en concevant le fait suivant.

Le « zéro » est un « no man's land », ou plus exactement, un « no god's land ».

Cela reviendrait à exprimer le fait que si la partie positive tend vers le « zéro », la partie négative fait de même.

Le « zéro » étant le « Juste », tous deux, dieu et diable, tendent chacun par leur côté vers cette valeur.

Cela représente une autre vision nouvelle du diable.

Ainsi, à plus d'un titre théorique, s'il est normal, au regard de sa propre définition, que diable ne puisse englober le domaine du « Juste » dans son « espace », il en est tout à fait autrement en ce qui concerne dieu.

En effet, ce dernier tendrait vers sa propre spécificité sans jamais pouvoir l'atteindre. Dieu perdrait son statut, de fait, dans ce mode d'évaluation. Pire, cela démontrerait que cette position suprême n'a été que fictive, admise aveuglément sous un postulat par des hommes, mais en aucun cas, elle n'a reflété la réalité qui a été, en définitive, sublimée.

Dans ces circonstances, nous pouvons même reconnaître que dieu n'a été jamais dieu, ou tout au plus, il n'a été qu'un « simple » dieu, dénué de suprématie.

Nous pouvons même convenir que dieu et diable n'ont pas, ou ne peuvent pas posséder le même « espace », en valeur absolue, puisque si diable a une large définition, « expansible » et « tolérante », celle dieu est, de par sa qualité intrinsèque, rigoriste.

Ainsi, diable ne serait pas l'absolu opposé de dieu...

Si nous acceptons le fait que l'ensemble de valeurs est l'image de l'ensemble des forces, le domaine de dieu serait inférieur à celui de diable, alors nous pourrions convenir d'un déséquilibre si nous nous cantonnons à la seule vision d'une répartition homogène individuelle.

Or, nous parlons de quantités de valeurs. Ainsi, pour obtenir un équilibre global, il serait nécessaire d'avoir davantage de valeurs positives pour compenser une valeur négative de même rang. Pour simplifier la compréhension, il faudrait, par exemple, plus d'une valeur « 4 » pour rééquilibrer une valeur « -4 »...

Nous y reviendrons dans un autre chapitre.

La portion de frontière entre eux étant le « zéro », il serait comme un point de jonction mutuel sans ce postulat de « no god's land »...

Le « Juste » serait alors la position d'équilibre parfait, en associant aucun des deux, ou un peu des deux, ou beaucoup des deux « camps ».

Cela reviendrait à définir que pour être « Juste », il ne suffit pas d'être nécessairement au centre, sans toucher à l'un comme à l'autre, mais plutôt par le fait que si l'on possède une part de l'un des côtés, et quelle que soit cette quantité, il est d'une nécessité d'en avoir une de l'autre, parfaitement égale, pour atteindre une harmonie.

Nous pourrions alors accepter le fait qu'une personne ayant une valeur élevée dans la partie négative puisse être « juste » uniquement si elle avait la même valeur dans celle positive.

Et ce, au même titre qu'un autre qui serait au centre.

Nous pourrions alors déterminer que le rachat d'actes « mauvais » serait réalisable par d'autres, « bons ».

La difficulté serait alors, bien évidemment, de quantifier les degrés de chacun d'eux…

L'autre facteur primordial ne serait plus la valeur des actes mais la destination de ceux-ci.

En effet, quelle serait la qualité de l'équilibre acquis par un acte « bon » compensant un acte « mauvais » si le receveur n'est pas le même ?

Il ne peut l'être d'une manière équitable au plan individuel, mais, vu sous une globalisation d'échanges?

Une sorte de bourse gèrerait-elle tout cela ?

Se trouverait-il des « chambres de compensations » ?

Le problème s'installe donc dans notre réflexion en abordant la notion de la réparation du préjudice, bien difficile à cerner d'une manière générale et juste.

Cela constituera aussi un autre chapitre.

Il ressort ainsi que ces deux ensembles, positif et négatif, seraient à considérer comme injuste, sans bénéfice de valeur prépondérante autant pour l'un que pour l'autre.

Dans l'absolu, la meilleure, l'unique, la plus honnête des positions est celle du « Juste », donc celle du « zéro ».

Cette valeur peut représenter ce qu'est la notion pure de « vérité », sans influence de quelque jugement ou d'interprétation.

Une valeur inaltérable, finie et unique.

Le « zéro » représente tout.

Ce qui existe, ce qui n'existe pas, le réel, l'imaginaire.

Le « zéro » est le seul qualificatif qui peut s'accorder à tout dans l'absolu, c'est-à-dire, ce qui peut être déterminé par un mot comme ce qui ne peut l'être, ou ne l'est pas encore.

Le « zéro » est à considérer comme hors du temps car il est le seul à pouvoir être associé sans erreur.

Il est à noter que le « zéro » peut être de plus en plus « mince », impalpable, indéfinissable, au fur et à mesure de la « volonté » des parties, du « positif » et du « négatif », de se rapprocher de la « perfection » de la « vérité », se débarrassant pour cela de leurs interprétations et de leurs jugements.

Le but défini est fini en théorie, mais il est impossible à atteindre par son infinie division, si mince soit-elle.

La notion de quête du « GRAAL » est réellement là.

Indistinctement de la position de quelque divinité.

Le « Juste » devient une entité par elle-même, absolument indépendante d'un camp.

La notion de « Juste », définie ici par le « zéro », est la rédaction du fait, de l'acte en soi.

Les parties, du « positif » et du « négatif », ne seraient alors qu'interprétations, et donc subordonnées à la subjectivité. Un acte considéré comme « mauvais » peut l'être tout au contraire, vu d'un autre point d'observation, ou selon une autre motivation.

Cette notion du « zéro » serait la « Vie », la « Nature », celle de l'énumération des faits absents de tout jugement.

Peut-être, est-ce la définition exacte de ce que certains nomment « Saint Esprit », le distinguant ainsi de l'existence de dieu.

Au vu de toutes ces considérations, il n'est pas plus louable d'être dans le camp de dieu que dans celle de diable.

Quel que soit le choix, il ne peut être autre chose qu'une erreur dans la quête du « Juste ».

Le juste pour le « Juste ».

De cette position, le côté négatif ne serait pas obligatoirement mauvais, et celui du positif nécessairement bon.

Dieu pécherait donc par excès de « Bien », comme diable le fait, de « Mal ».

Mais, si pour le second, cela lui sied à merveille puisqu'il répond précisément à l'intitulé de son titre, il en est tout autrement pour le premier, puisqu'il avouerait une lacune.

Cela reviendrait à admettre que dieu peut commettre des erreurs.

Cette possibilité peut nous être inconcevable, cependant, nous pouvons recouvrer la raison de cet apparent paradoxe par la mythologie.

En effet, cette conception du céleste est beaucoup plus en avance que celle monothéiste puisqu'elle arrive à évoquer des méprises sans que leurs auteurs en perdent leur statut social divin.

Nous recouperons dans d'autres chapitres la non aberration de la théorie de la multiplicité de dieux.

Mais, pour en revenir à notre dualité, il faut reconnaître qu'ils se rejoignent par l'intermédiaire de ce point qu'ils ont, plus ou moins, malgré tout, en « commun ».

Ainsi, deux théories ressortent :
— Soit, ils sont frères jumeaux, égaux,
— Soit, ils proviennent de la séparation en deux d'une seule et même entité. Séparation du « bon » et du « mauvais ». A l'origine, la divinité unique serait, soit définie par la seule valeur « zéro », soit par l'ensemble du moins infini au plus infini, incluant aussi le « zéro ».

La question serait alors de connaître le « Pourquoi » de cette fission.

Pari entre frères pour savoir lequel d'entre eux est le plus fort, ou a raison sur la qualité réelle de l'Homme ?

Incompatibilité d'humeur avec l'alter ego d'un dieu schizophrène ?

Toutes les idées peuvent être formulées.

Cependant, si dieu était si fort, ou du moins plus fort que diable, pourquoi ne l'éliminerait-il pas ipso facto plutôt que de nous faire subir des préjudices et des souffrances que lui-même ne supporte pas ?

Son incommensurable « bonté » l'empêcherait-il d'être « méchant », même envers le « Mal » ?

Sa magnificence ne serait-elle qu'à l'image d'une certaine faiblesse, liée à une miséricorde de circonstance, ou à un misérabilisme compulsif, une sorte de reconnaissance émotionnelle dans l'apitoiement ?

Ne peut-il recruter ses ouailles que par la petitesse de la spirituelle compassion ?

Il est évident que la force de dieu est au moins égale à celle de diable.
Car, si elle était plus importante, ses scrupules seuls l'empêcheraient-ils de battre, d'éliminer son ennemi en usant de sa supériorité ?!
Ce n'est guère logique car, pour quelle raison en aurait-il ?
De crainte de perdre son « fameux » statut de dieu unique dont le rang suprême ne tiendrait que par sa noblesse d'esprit à faire fi de tout acte de vilénie ?
Alors, plutôt de scrupules, ce serait davantage une forme de « fair-play ».
Cette hypothèse ne peut tenir car elle est perverse à souhait.
En effet, pourrait-il se permettre d'en avoir, tout en restant au moins « juste », si ce n'est « bon » comme il se plaît à se montrer, puisqu'il ne faut pas oublier que, quelles que soient les souffrances, elles ne sont subies que par nous autres, les seules victimes, et aucunement par lui, assis à l'abri et au confort de son palais céleste...
Nous laisserait-il alors le sale boulot afin de pouvoir garder les mains propres ?
Quoi qu'il en soit, avec sa « délicatesse » à ne pas user de sales manières dans le seul but d'éviter d'ébranler les exigences de sa propre définition, il la détériore d'autant plus par ailleurs, en restant coi face à ce que nous endurons et éprouvons dans nos chairs et dans nos âmes.

Une récompense, même éternelle, est-elle suffisante pour se faire pardonner de ces atrocités qui nous ont été injustement assénées ?

Cet éden tant promis ne serait pas une récompense, mais plutôt un dédommagement...

Pour justifier une telle considération de sa part, cela ne pourrait provenir du seul fait que nous ne méritions pas mieux que ce que nous subissons, ou qu'« on » nous fait subir.

Quant à diable, il n'est pas plus fort.

Au mieux, il est de puissance égale, car, n'ayant pas, par définition, de scrupule, il éliminerait sans concession ni état d'âme cet adversaire bien gênant.

Une certitude.

Ou presque...

En effet, comme dans les relations sado-maso où le dominant a besoin du dominé pour satisfaire à l'établissement de son plaisir, diable serait donc à la merci de nos existences...

Ou alors, s'amuse-t-il de dieu, l'observant dans ses casse-tête juridiques pour élaborer des stratagèmes ficelés de légalité dont les moyens sont bornés par la rigueur que sa « conscience statutaire » lui impose ?

La seule interdiction pour dieu de ne pas utiliser sa supériorité serait sa probable déchéance dans le camp de son adversaire.

Est-ce l'enjeu ?

Le pari se porterait-il plutôt sur la qualité de dieu que sur celle de l'Homme ?

Ainsi, dieu a donc au moins un interdit, et montre, par conséquent, une nouvelle fois, une faille à être la divinité par excellence, ou du moins à être la « personnification » de l'omnipotence.

Lorsqu'on entrevoit l'importance de la mise en jeu, comme nous l'avons abordé précédemment dans la théorie du « chaos organisé » où seul l'objectif à atteindre est primordial, et le fait que nous sommes les seuls au front, alors la présence de scrupules en devient obsolète, et même indécente.

Une nouvelle hypothèse peut donc surgir.
La scission de ces deux pôles aurait causé la création de l'Univers. Ce qui exprimerait le fait que la réalisation et la conception de ce que nous connaissons est l'œuvre de cette double entité, et non seulement d'un seul.
L'explication est donc plausible par la présence de ces deux facteurs, positif et négatif, au sein des êtres vivants.
Les lois, ou plutôt les résultats observables sur Terre, démontrent parfois que ce que nous croyons « Juste » est martelé par l'adversité.
Beaucoup de faits, d'actes, nous apparaissent comme injustes, et d'autant plus quand cela touche quelqu'un de « Bien ».
Il est plus supportable qu'un "mauvais" ait de la chance qu'un "bon" ait du malheur.
Il est certain que nous ne connaissons ni les tenants et aboutissants de la « Vie », ni les modalités de sa gestion, mais ce mode de calcul justifie les « travers » observés par la vie.
Seule la finalité compte.
Mais quelle est-elle ?

La possibilité de l'existence du Bien et du Mal

Nous avons soulevé la probabilité de l'existence de deux mondes distincts, opposés, nommés le « Bien » et le « Mal ».

Nous avons vu aussi et surtout que de nombreuses voies connexes s'ouvrent déjà en discutant sur les seules valeurs de dieu et de diable.

Le jugement de telle ou telle partie relève obligatoirement de l'acceptation pour le camp auquel on appartient, et le refus de l'autre.

Pour chacun des camps, celui du « Bien » est le sien, et celui du « Mal », celui de l'autre.

La ligne de démarcation est uniquement la « motivation », ou ce qu'appelleront certains, le dogme.

Il est intéressant d'approcher une des parties, notamment celle du « Mal », et de l'étudier en lieu et place d'un adepte.

Dans le camp du « Mal », le « Bien » est prodigué par ses soins, et le mauvais par celui de son « concurrent ».

En adoptant le même mode de raisonnement par les mathématiques, nous pouvons aussi considérer l'absence du « zéro ».

Il y aurait alors une frontière commune entre le « Bien » et le « Mal », mais surtout, mis dans la balance, aucun verdict adjugeant une équivalence ne pourrait exister. L'appartenance à soit l'un, soit l'autre des camps, sera déterminée.

Une autre hypothèse relèverait que dans ces cas, une nouvelle « partie » serait proposée, au « jeu terrestre » que nous connaissons, ou à un autre sous une différente dimension.

Certaines religions l'appellent, par exemple, « purgatoire », comme une sorte de mise à l'épreuve ultime, une offre de repêchage pour rejoindre le « bon » camp.

Mais, peut-être, est-ce plutôt une opération uniquement réservée lors d'insuffisance de preuves, pour pouvoir juger sans aucun doute, ni regret ?

Ce « tie-break » pourrait être une nouvelle vie, terrestre ou non. Et pour la première option, la notion de réincarnation a cours, et se justifie enfin.

Il resterait à savoir, si tous les individus qui ont existé à travers les âges sont tous des êtres différents et distincts, c'est-à-dire, si on écarte la possibilité de la réincarnation, comment se définirait l'ordre de mise à l'épreuve ?

Ne serait-ce pas injuste de juger, sous les mêmes critères, une personne contemporaine comme une ayant vécu à l'époque de la préhistoire, ou de l'antiquité, ou du moyen-âge, ou même d'il y a quelques lustres ?!

L'injustice, d'un rang suprême par la qualité définitive du verdict, serait surtout présente si l'appréciation n'était élaborée que sur une unique vie.

Il n'y aurait pas de droit à l'erreur.

L'équité d'un jugement se porte d'abord sur le cas individuel, déjà difficile à exprimer mais réalisable, mais ensuite, par un autre ressort, sur le plan universel.

En effet, la justice doit aussi assimiler l'équilibre de jugements d'un individu par rapport à un autre.

Toute la difficulté de sa parfaite équité réside dans son universalité d'estimation.

Chacun a droit à la même qualification de considération, et si une personne bénéficie d'indulgence, l'iniquité se créerait dès lors qu'une seule de toutes les autres n'ait pu, ou ne puisse jouir des mêmes égards.

Et, bien entendu, il en va de même pour le caractère opposé, la sévérité.

L'équité est la raison d'être du « Juste » par sa constance, et, inflexible, il ne peut s'écarter de sa ligne de conduite, et ce, d'autant plus dès l'instant où un verdict a déjà été énoncé, car si un des suivants bénéficiaient de « largesses », il serait alors admis une sorte de vice de procédure au titre du non-respect de son devoir intrinsèque primordial, dont l'effet serait rétro-actif au point que tous les jugements seraient à reconsidérer depuis le premier...

Ainsi, la position du « Juste » est périlleuse, exprimée par l'équité qui se porte sur deux niveaux indépendants mais dont l'influence se fait par le mode binaire annihilateur, c'est-à-dire, que les deux paramètres doivent être identiques et exempts de tout défaut.

Pour exemple, si nous optons pour le « 0 » en ce qui concerne un mode comportant au moins une erreur, et le « 1 » pour un exempt de toute erreur, alors la seule présence d'un « 0 » anéantirait le résultat même si tous les autres sont des « 1 ».

De plus, il ne serait pas équitable de juger quelqu'un qui a vécu dans une classe sociale alors qu'il aurait pu agir différemment s'il avait été dans une autre.

Les tentations, les contraintes, les difficultés présentes sont différentes d'une à l'autre. Et un même individu aurait réagi, et donc serait jugé, différemment selon le milieu où il se serait trouvé, et par conséquent, selon aussi son acquis.

Du reste, le jugement se porte-t-il sur l'inné, ou sur l'acquis ? Ou sur les deux ? Ou sur une partie des deux ?

Le « Bien » et le « Mal » peuvent-ils être acquis ?

Ou sont-ils innés, et les circonstances de notre vie terrestre ne seraient alors qu'une sorte de « révélateur » de ce que nous sommes ?

Le problème de l'inné est qu'il fait de l'individu un irresponsable, puisqu'il n'a pas eu ce choix d'être ainsi. Nous devrons revenir sur ce problème épineux de la responsabilité...

Par ailleurs, le « Temps » « pointe son nez » dans cet échafaudage de considérations.

Nous l'avions oublié, le facteur « Temps ».

Comment un jugement pourrait-il être équitable quand il concerne une longue vie, qui peut autant offrir du délai pour corriger ses erreurs, que d'infliger de la durée dans la difficulté à supporter les malheurs ?

Le cas d'une personne qui subit des contraintes ou qui résiste à la tentation pendant 5 ans ne prouve pas qu'il aurait tenu 6 ans. Donc, la personne qui a 5 ans à tenir a plus d'avantages techniques que celui qui doit en tenir 6.

Et celui qui a causé du tort, et qui meurt jeune sans avoir eu le temps de pouvoir rectifier son état en se rachetant, est défavorisé par rapport à un autre ayant bénéficié d'un délai pour expier.

Un jugement basé sur une seule vie est sans équivoque injuste, de par son iniquité.

Certes, le jugement pourrait être paramétré en fonction du temps, du milieu. Une sorte de barème.

Mais, cela n'empêche pas le fait que la notion de la possibilité de modification de l'individu ne puisse être prise en compte, car elle demeure hypothétique.

Quel qu'en soit le domaine étudié, l'hypothétique doit être banni car il émet le doute qui est le facteur contradicteur inacceptable dans ce type de jugement, qui rappelons-le, est présenté comme définitif absolu.

Cette juxtaposition qualificative peut paraître pléonastique, cependant elle ne l'est pas. Elle est même indispensable.

En effet, nous ne connaissons sur Terre qu'un « définitif » contenu, où notre capacité intellectuelle nous permet de concevoir que des espaces limités, rendant difficilement appréhendable toute notion réelle d'infini.

Par exemple, la perpétuité, qui nous exprime l'infini, est cependant subordonnée à la limite de la durée de vie ou d'existence. C'est un « infini borné » puisqu'il est inscrit dans un sous ensemble dont les données sont incontournables et irrémédiables. Cet infini n'est relatif qu'à ce domaine, mais d'une expertise externe, ou globale, il est proprement fini.

C'est un infini non-absolu.

Et en ce qui concerne notre « fameux » jugement, il est d'autant plus décisif qu'il n'est laissé entrevoir aucune échappatoire, ni aucun moyen de changement, ni aucun recours, et qu'il est promis à l'authentique et irréductible éternité.

D'où la nécessité de cette défiguration formelle du langage, en précisant qu'il s'agit d'un « absolu définitif ».

Sans réalité, sans faits probants, seulement une estimation peut être prononcée.

Une estimation, si divine soit-elle, ne peut être qu'injuste. Et si elle était suffisante, la notion de test terrestre ne serait alors pas nécessaire pour notre évaluation.

Autant divins qu'ils soient, dieu et diable ne peuvent juger sans la réalité.

N'oublions pas que le test terrestre doit déterminer par une durée allouée, la réalité d'un « caractère » qui devra être permanent et constant.

En effet, il n'est nullement exprimé l'autorisation selon laquelle nous pourrions agir, une fois dans l'Éden, différemment que sous l'étiquette qui nous a été attribuée par le jugement dernier, car cette ordonnance n'est rien d'autre qu'un catalogage. Nous devrons nous y conformer...

Nous avons surtout abordé le sujet comme si l'entrée dans le « domaine post-mortem » était réglementé au même titre qu'un club privé, lié à sa nécessaire appartenance.

Notre notion spirituelle acquise rend légitime les conditions de droit d'accès à l'éden, fermé et sous contraintes, et nous pensons de la même évidence, le contraire pour celles de l'enfer, ouvert à tout le monde.

Mais pourquoi n'y aurait-il pas, pour ce dernier, de sévères règles, et pourquoi diable aurait-il le second choix, le rebut, après celui de dieu ?!

Et si ce tri n'était pas de leurs prérogatives ?

Ils pourraient très bien recevoir les âmes en fonction d'une sélection automatique, sans droit de regard, ou de refus.

Quoiqu'il en soit, nous admettons facilement que dieu ferait la fine bouche, mais aucunement diable, qui serait alors condamné à prendre le « tout-venant ».

Si dieu craint la contamination de ses ouailles immaculées par des éléments impropres à être reçus en ses lieux sacrés, il bafoue la promesse de pardon absolu.

Par ailleurs, pourquoi diable ne craindrait-il pas la perversion de son cheptel par des âmes à la solde du

« Bien » qui se serait égarées, volontairement ou non, dans son camp ?

Comme, si nous ne pouvions changer d'idée, une fois
asservi dans un camp.

Une rébellion serait-elle à craindre dans un camp comme dans l'autre ?

Davantage dans le camp du « Mal » que dans celui du « Bien », car les mécontents pourraient être plus nombreux, et donc plus à l'écoute de ceux qui vanteraient les mérites de l'autre camp.

Dans celui du « Bien », si de mauvaises « âmes » venaient à titiller celles qui sont en adéquation parfaite avec les critères, qu'y aurait-il à craindre ?

D'une part, si ces esprits étaient parfaits, il n'y aurait aucune possibilité qu'ils se corrompent, et d'autre part, l'éden satisfaisant à toutes leurs exigences, ils ne pourraient rien attendre de mieux. Si tant est qu'ils puissent être tentés par le « mieux »…

Aucune plainte, aucune requête ne serait existante, et donc aucune envie de passer dans l'autre camp.

Sauf si l'ennui ou la déception venait à naître de la perfection…

Il est à noter le fait intéressant que les deux natures sont infinies dans l'augmentation des valeurs des faits et des jugements, mais possèdent en revanche une limite quant à leur minima.

Il y aurait donc un minimum à faire pour être dans un camp ou dans l'autre.

Si nous admettons que les deux espaces de valeurs peuvent être représentés par une flèche dont la base est leur point fini et l'autre extrémité la pointe vers l'infini, alors les deux espaces « Bien » et « Mal » ont des directions opposées.

Nous en connaissions leurs états, opposés, de fait, mais pas exactement leurs tendances.

Il serait crucial de déterminer si cet espace ne serait pas plutôt fini du côté de cette limite dans l'infini.

Nous pouvons considérer que les deux camps ont des critères de sélection qui correspondent aux graduations de ces flèches.

Si nous admettons que l'espace du « Bien » possède des critères rigoureux, il se pourrait que son espace soit fini, et donc la notion qu'il tende vers l'infini, improbable. Son espace serait alors plus restreint que celui de son « concurrent » qui accepterait, selon les mêmes suppositions admises, tout le reste sans condition.

S'il est vrai qu'à un certain stade, il est difficile de faire toujours plus dans le domaine du « Bien », en revanche, il est facile de faire encore davantage dans le domaine du « Mal ».

De par cette vision, le « plus » dans ce domaine est en fait l'augmentation vers l'infini, donc en faisant le moins de « Bien ».

Si nous pouvons aisément concevoir l'infini du « Mal » par le « plus de mal que mal », il est difficile de conceptualiser celui du « Bien » par le « plus de bien que bien ».

En effet, comment être encore « plus gentil » que « déjà gentil » ?!

Cela pourrait confiner à la niaiserie et à l'obséquiosité, ce qui est tout autre que la bonté, même excessive...

Pour en revenir à nos flèches, nous les avions considérées comme mises bout à bout, du côté fini.
Mais nous pourrions les superposer de telle manière que les pointes des flèches correspondent au point fini de l'autre.
Dans cette optique, nous pouvons considérer que le moindre « Mal » serait le « Bien ». Et le moindre « Bien », le « Mal ».
Nous pouvons observer que la notion infinie de l'une des parties est la partie finie de l'autre.
Le point de non-retour.
Et l'absolu de l'un est l'infini de l'autre, et le fini de cet autre est l'« inabsolu » de l'un.

Il ressort qu'une même valeur peut appartenir à un camp ou à l'autre, ou communément aux deux.
Il est possible, au temps du « préalable », avant la séparation dont nous avons parlé, que cela ait pu se trouver sous cet aspect.
Puis les deux domaines, suite à des exigences propres, ont commencé à tendre chacun vers leur summum respectif.
Graphiquement, nous pouvons le visualiser comme les deux flèches se déplaçant chacune vers leur pointe.
Ou tout simplement en réduisant le point fini de non-retour.
Jusqu'à ce qu'il y ait séparation totale et la création du « zéro ».

Il reste à déterminer si l'espace de ce dernier pourrait être grandissant, ou s'il est une jonction inélastique.

Dans le cas où les deux espaces se superposeraient partiellement, leurs valeurs communes appartiendraient-elles à un ensemble plutôt qu'à un autre, ou s'entremêleraient-elles jusqu'à constituer un nouvel ensemble indépendant et quelque peu neutre?

Notre théorème ci-présent incluait la notion de non-communauté en appartenance. Aussi, pour départager et attribuer chaque point de position, il serait nécessaire d'établir alors un jugement qui devra peser la moindre subtilité, le moindre facteur existant, et même absent.
Seule une interprétation pourrait déterminer ce conglomérat de paramètres, pourtant cette évaluation doit rester cependant impartiale et sans critère...
Cela démontrerait tout d'abord que ni dieu, ni diable, n'aurait cette fonction et ce pouvoir de trancher, mais ensuite, qu'il est difficile d'appréhender la notion selon laquelle une valeur pourrait représenter les deux.

Une personne appartenant au « Bien » pourrait avoir une part de « Mal » en elle, et une personne membre du « Mal » pourrait être possédée partiellement par le « Bien ».
La possibilité qu'ils puissent appartenir à la fois aux deux camps est assez intéressante dans le sens que leur état ferait ressortir une sorte de neutralité, la zone du « zéro ».

Nous revenons à la théorie selon laquelle le « zéro » est la valeur de référence.

Il peut être à noter que les éloignements des espaces entre eux se faisant, cet espace commun se réduirait, comme pour une règle coulissante. L'amplitude totale s'accroît tandis que le point de neutralité, tel un seuil de tolérance, s'amenuise.

Dans cet avancement, les « esprits », se trouvant à l'intérieur de cette bulle, risqueraient d'être exclus de l'un ou de l'autre espace, ce qui expliquerait la notion de test pour pouvoir les « cataloguer » définitivement.

Mais cette zone pourrait plutôt provenir de l'évolution de la restriction spécifique de leur limite finie, et, dans ce cas, l'espace commun n'en serait pas pour autant réduit.
Il serait d'une autre définition, ni l'une, ni l'autre.
La troisième valeur déjà évoquée.
Et plus la limite finie tendrait vers celle infinie de son propre ensemble, plus l'espace « tertiaire » serait grandissant.
Nous pourrions alors remarquer que cet espace neutre occuperait de plus en plus de place en fonction du déplacement vers l'intérieur de la limite finie de celui qui le borne, ce dernier conservant cependant le même espace grâce à son antipode dont la limite est infinie.

Le « zéro » aurait alors ses limites finies qui tendraient respectivement vers chacun des deux infinis.

Nous pouvons observer que la zone finie de neutralité gagne du terrain au fur et à mesure que les parties, « Bien » et « Mal », augmentent leur critère minimum de sélection, ou du moins repoussent leur capacité maximale sous la contrainte de conserver un espace de quantité constante, et surtout identique à son opposé.

Ainsi, le « Mal », tendant vers son infini, imposerait au « Bien » à faire de même vers le sien, laissant plus d'espace à leur borne finie, chacun des côtés du « zéro ». Le « Mal » s'éloignerait du « Juste » à bon escient, alors que le « Bien » en serait forcé, dérogeant à ses propres critères de base.

Si cette évolution s'éternise, le troisième ensemble tendrait à envahir tout l'espace, et donc à devenir, peut-être à redevenir la notion antérieure d'avant-départ où tout est un, tout est lié, où ni « Bien » ni « Mal » n'existe par leurs différences, mais par seulement la position du « zéro ».
Cela représenterait un éternel recommencement.

Il est clair que cette théorie peut être envisagée dans un ordre chronologique différent, dans un ordre inversé.

Dans ce cas, c'est la notion du temps qui entre en jeu, car elle seule donne un sens à la direction.

Le « zéro » est une limite déterminée par celle des deux ensembles, mais où se positionne-t-il réellement par rapport à l'individu ?

* L'homme et, le Bien et le Mal

Il est dit que l'Homme porte en lui le « Bien » et le « Mal ». Certains même voient en le règne animal, excluant l'homme, la pureté.

Tel le « bon » sauvage, il y aurait les « bons » animaux, à la différence près qu'il n'y aurait pas parmi ces derniers, d'éléments mauvais.

Or, tous les travers, toutes les tares, tous les « défauts » ne sont pas le propre de l'homme.

Toute espèce douée d'une possibilité d'agissement volontaire, de mouvement ou de déplacement, porte en elle cette responsabilité.

Ce n'est pas du « Bien » ou du « Mal », il n'y a que la résultante qui peut être classifiée dans tel ou tel registre.

Et encore, ce n'est que la conséquence d'une interprétation, elle-même constituée par la subjectivité.

Tout est là.

La subjectivité est la forme sous laquelle se traduit la valeur des choses. Et la croyance, dictée par les « pré-occupations » personnelles, même altruistes, mesure la qualité de la finalité concrète de l'agissement jugé.

L'immobilisme permettrait de se détacher de cette responsabilité.

Toutes les tares, toutes les qualités, toutes les déficiences, tous les défaillances sont présentes dans le genre animal. Et il n'en est aucune qui serait l'apanage exclusif de l'être humain.

Ce ne serait que trop le considérer !

Et par-dessus tout, occulter le fait qu'il est aussi un animal.

Ce n'est que la réflexion extrême qui crée la conscience et son cas de culpabilité.

Tout n'est affaire que de priorités. Elles sont différentes pour chacun de nous (« animal » compris), et même différentes selon notre âge, notre statut social, notre moral, et même nos possessions.

La conscience relève la part des choses pour les cataloguer et les ranger dans tel ou tel registre. C'est la pensée exacerbée de l'homme qui a donné naissance à la notion du manichéisme. C'est uniquement depuis la prise de conscience des conséquences et de leur possible retour de bâton, par l'adversité ou par la punition légale.

C'est ce qui permet de cantonner les agissements de tout individu :

Soit par la crainte divine,

Soit par la peur des représailles de la justice terrestre.

La première est pour punir, d'un doute sur l'éventualité de la réalité de cette annonce, toute action occulte qui échapperait à la connaissance et au jugement des humains. Tout serait pesé, rien ne serait oublié ou perdu. Son défaut est qu'il n'a aucune emprise sur l'athée...

La seconde est plus efficace, car la probabilité est concrète, et dans ce cas, certaine et immédiate. Elle est « adoptée » dans tout le règne animal, les « codes sociaux » se différenciant d'une espèce, d'une race, d'un groupe, d'une famille à une autre.

Mais avec l'avènement de la communication puis de textes légiférant la définition des actes et de l'application de leur punition relative, en même temps que la graduation de celle-ci, l'Homme s'est substitué à la « Nature ». Cette dernière délivrait jusque là, sous un semblant d'aléatoire, les sanctions directes, telles qu'elles sont dans les combats, par exemple pour défendre ou obtenir quelque chose, un territoire ou une femelle, ou pour une proie à se sauver de son prédateur.

Et ainsi, par le fait, l'Homme a introduit une mécanique d'effets retours systématique pour tout acte.

Cette artificielle remise en cause de la suprématie de la « Nature » à déterminer d'elle-même, sans justification, un résultat, peut paraître justifiée pour l'être doué de l'idée d'équité, mais elle incorpore aussi et surtout la notion de manipulation du choix délibéré et personnel quant à la décision de la sanction et, même en amont, à celle de la poursuite ou non, du responsable.

La corruption a ainsi été créée.

Et au vu de ce qu'il continue à se tramer dans toutes les sociétés actuelles, nous pouvons admettre que cette dernière s'est bien étoffée.

Ainsi, en voulant trop bien faire, l'Homme a causé l'effet inverse de son objectif, voire même peut-être, de celui de la « Nature », car il a permis au « Mal » de se prémunir en lui laissant l'opportunité de la « discussion », une entreprise périlleuse car elle peut donner lieu à des argumentations de toutes natures, comme celles fallacieuses, à d'éventuelles négociations, à de probables compromis, à des chantages sous-entendus et à des menaces déguisées.

L'homme peut se singulariser des autres animaux par sa conscience du monde extérieur pour lequel il peut manifester un « intérêt désintéressé », au point de ne pas rechercher systématiquement ce qui lui est vital, ou même profitable.
La beauté de ce que l'on peut appeler « art » sous toutes ses formes, causée par une espèce de sensibilité, touche l'esprit.
Plus l'animal est « basique », moins il s'arrêtera à l'observation de ce qui n'est pas de son environnement et nécessaire à sa survie.
Un chien, par exemple, sera curieux auprès d'une image d'un autre chien ou d'un animal qui est relatif à son milieu.
Plus une espèce est évoluée, plus elle prend conscience d'un monde extérieur et est attirée par l'inconnu et l'étrangeté.
Et parmi chacune d'elles, chaque individu est plus ou moins réceptif.
Bien évidemment, je ne parle de l'« Homme » que par sa noble définition, excluant toute autre représentation anthropomorphique qui ne trouverait sa comparaison et son intégration à la définition généraliste que par la structure anatomique, mais qui, dans son comportement (mentalité), refléterait un animal, voire parfois, même pas...

L'absence de conscience exprime l'animal strict par son aspect structurel, identique à ce qu'est l'ordre floral, voire même celui minéral.

L'Homme détient le « Bien » et le « Mal » en lui comme tout animal doté de la conscience de l'impact de ses actes sur autrui, quel qu'il soit.

La notion d'autrui dépasse le terme de « semblable », car il déclame plutôt tout ce qui est à l'extérieur de l'être conscient, depuis l'autre individu, jusqu'à l'animal, incluant même l'environnement total.

La mise en perspective du simple respect de ce qui est, de ce qui existe.

Par l'entremise du cas de conscience, de l'utilisation de la crainte de la punition et du remords, l'Homme, étant le « Bien » et le « Mal », doit opter pour une stratégie de placement de son ego (lui-même) dans un camp ou dans l'autre.

Si le « Mal » n'existait pas, l'Homme ne connaîtrait pas cette notion de « Bien ».

Et puisque rien ne peut exister sans son opposé, le « Bien » crée, par le seul fait de sa propre existence, le « Mal ».

Le « Mal » se distingue seulement du « Bien » par l'absence d'égards envers ce qui ne lui est pas personnellement relatif.

Ainsi, se profile le fait qu'il y ait, en réalité, deux catégories de « Mal ».

Celui dont l'unique motivation est sa propre satisfaction, quelles qu'en soient les conséquences extérieures induites, et sans se soucier même des préjudices que d'autres pourraient avoir à subir. Nous le nommerons, « Premier Ordre ».

Et celui dont la recherche identiquement égocentrique puise particulièrement et spécifiquement sa source dans la nuisance à autrui, ce que nous appellerons « Second Ordre ».

En ce qui concerne le premier, ce n'est qu'une échelle de considérations personnelles.
L'étude, ou du moins l'évaluation des conséquences est simplement ignorée, voire éludée par indifférence.

Ainsi, un acte commis se départagerait du « Bien » du « Mal » seulement par rapport à l'existence d'une interférence ou d'une interaction avec « autrui ».
Si l'acte est bénéfique envers un autre, il est du « Bien », et s'il est maléfique, il est du « Mal ».
Or, ce même geste, s'il n'engendre aucune implication extérieure, même s'il est égoïste au possible, il ne peut être du « Mal », car, après tout, quelle importance a sa motivation puisqu'il ne cause pas de phénomènes d'altération extérieure.
Nous pouvons même aller plus loin dans notre recherche, puisque, entre en jeu la notion de « mérite ».
En effet, la portée de l'impact sur autrui est relative, voire secondaire, car, dans le cas d'un acte à bénéfice purement personnel, comment pourrait-on lui attribuer une mauvaise note uniquement sur le seul fait qu'il ne prend pas en compte les considérations des autres ?
Ceux-là sont-ils seulement dignes d'égards ?
Toute la question est là.

Il serait alors nécessaire de connaître la priorité qu'aurait cet autre, au point d'en faire respecter un certain partage, ou du moins, d'en générer une protection, et qu'à défaut, cet acte serait alors qualifié du sceau du « Mal ».

N'oublions pas que le « mérite » a, lui aussi, une double identité, dans le sens de la « récompense », comme dans celui de la « punition »...

Et tout ceci est sans compter le phénomène « compensatoire », comme une « victime » peut obtenir un dédommagement, ou un coupable subir une sanction, que cela soit par le « monde volontaire » du système judiciaire sociétal, que par celui, sans appel, de la « Vie », par la « Nature », comme un « coup de chance » pour l'un, ou une « maladie » pour l'autre.

En définitive, cette catégorie du « Mal » n'est que la résultante d'une vision du monde, restreinte au sien propre.

Nous abordons alors le problème existentiel par excellence.

En effet, quelle différence pourrait-il y avoir entre une personne idiote qui commet un acte sans en mesurer les conséquences néfastes externes, et celle, sensée, qui ne considère que son bien-être, et se moque éperdument des effets étrangers au point de ne même pas y songer ?

Le simple d'esprit ne bénéficie-t-il pas, d'une insolente manière inique, de l'avantageuse « irresponsabilité » face à celui qui est doué de raison, confronté, malgré lui par le caractère inné de son état, à sa lucidité de la situation ?

N'en déplaise à certains, il y aurait donc plus d'une catégorie d'homme, un panel allant de l'équivalent

« animal basique » précédemment décrit, à celui doté d'une prise de conscience absolue.

Ainsi, nous ne serions pas tous « logés à la même enseigne », et selon l'élévation du niveau, la responsabilité de nos actes nous en serait proportionnellement imputable.

Reste à savoir si ce « tiroir » dans lequel chacun de nous « évolue », est hermétiquement clos, ou s'il nous est permis, ou possible, dans le sens indéclinable, d'accéder à un échelon spirituel supérieur, telle une montée en division, jusqu'à la première où notre grade est d'une valeur ultime, la plus éloignée de celle de l'état primitif de l'« animal-machine », certes vénérable mais sous lequel chacune de nos moindres décisions ou le plus infime de nos actes nous est rigoureusement compté, sans indulgence aucune.

A ce stade, aucun droit à l'erreur, ou du moins, aucune faute ne reste impunie, la moindre circonstance atténuante étant simplement méprisée.

Cette apogée ferait de nous l'équivalent d'un dieu, voire de dieu.

Avec ses avantages, comme ses inconvénients.

Ainsi, nous découvrons qu'une divinité est pleinement responsable de ses actes et de ses décisions... Quant à son immunité, c'est d'un autre propos.

Par le seul niveau de conscience de son auteur, le jugement du « Bien » par rapport au « Mal » serait alors étalonné.

Mais, après tout, quel avantage aurait-on donc à retirer d'être, ou du moins à devenir, plus consciemment évolué?

Il faut bien qu'il y en ait un, parce que, de prime abord, nous y sommes perdants.

Sinon, l'iniquité se retrouverait jusque, ou plutôt, depuis la base, par les conditions d'entrées à cet encensé havre autant sécurisé que sécurisant.

Par conséquent, il apparaît qu'il serait préférable de cultiver une stupidité afin de profiter, sans aucun scrupule, ni remords, de tout le confort du « candide ».

Et même, l'intelligence au service du pragmatisme ferait qu'il serait plus profitable de récuser, de renier cette capacité intellectuelle innée.

Devons-nous, par obligation, utiliser tout ce qui nous est offert par la nature ?

Sommes-nous condamnés à accepter ce que nous sommes, tels que nous en avons été bâtis par « Mère Nature », ou ce choix d'esquive nous est-il donné, ou du moins possible, ne prenant que les options à disposition qui nous servent personnellement ?

Certes, ce serait de la triche au plus haut point, cependant certains le font déjà dans un registre parallèle des « bien lotis de la vie », des personnes à la constitution athlétique naturelle mais qui ne pratiquent pas pour autant de sport.

Et puis, ne serait-elle pas légitime cette astuce, pour récupérer du handicap positif qui se constitue dans un jeu où les dés sont pipés, garantissant l'accès édénique aux « simples d'esprit », nantis de fait, sans avoir transpiré d'un labeur, ou même inspiré d'une simple volonté ?

Leur innocence garantit-elle avec certitude leur absence d'hypocrisie ?

La conscience formule en l'esprit la finalité des choses, et donc l'intérêt.

L'objectif estimé suscite le dessein.

Et si nous n'avions même pas ce choix de l'évolution, où une fois la « porte ouverte » de la conscience, il nous serait impossible de nous dérober à la piteuse situation que notre lucidité nous permet d'entrevoir ?

L'Homme se retrouverait donc face à ce savoir qu'il se doit cependant d'ignorer pour garder intact son désintérêt personnel.

C'est un parcours sur la corde raide car l'hypocrisie lui est cependant inculquée, prônée en primauté sous une espèce de vertu, par les religions qui lui font miroiter une récompense pour des attitudes spécifiques, quand, à défaut, le spectre de la punition, et même de la sanction, est soutenu, sous-entendu certes, mais sans équivoque.

D'ailleurs, cette manière d'opérer est-elle dans ce sens, ou est-elle plutôt juste l'élaboration perfide mais ingénieuse d'un « spin doctor » d'antan, mortel parmi les mortels, pour conditionner la réflexion et contenir la conduite du peuple durant cette phase terrestre, présente et avérée, par un simple réflexe « pavlovien » ?

De la part des maîtres, c'est du «déjà ça de pris!»...

L'excommunication du paradis, certes évoquée par la symbolique de la pomme, que les théologiens expliquent par la découverte du savoir, de l'existence de la « Connaissance » (sciences), ne serait-elle pas plutôt la prise de conscience, la découverte de la connaissance de la finalité de chaque acte ?

La condamnation de l'Homme serait alors relative à sa nouvelle capacité de calcul, et non, seulement à la proportionnalité «Bien/Mal», obtenue, engendrée, créée, occasionnée, ou simplement perçue au sein de la résultante finale de ses actes.

Et bien entendu, comme tout ne peut être maîtrisé absolument, distinctement du parfaitement, il entre le facteur « Hasard », et ce « résultat » peut être biaisé, et les responsabilités originelles mal, ou faussement définies et attribuées à leurs auteurs.

De la complexité naît l'iniquité.

Et comme tout et chaque chose, chaque acte est complexe, rien ne peut être « Juste », dans sa définition entière et parfaite.

Ce phénomène nouveau de l'« effet- conséquence » dévoile une autre notion, dangereuse par le doute, la naissance d'une probable, ou possible autre éventualité.

La conscience prend son envol, et la spéculation et la tactique, allant de pair, deviennent les raisons d'état pour s'assurer la bonne réalisation d'une espérance personnelle.

De la conscience du temps, est née la perspective des désirs et des souhaits. Sans futur, aucune aspiration.

Prévoir devient une garantie, une assurance-vie.

Une soudaine nécessité d'immortalité est née de la prise de conscience et de la réalisation de la création et/ ou de l'existence du temps.

Durant la phase « Auparavant » (celle dénommée « Paradis originel »), il ne pouvait y avoir de jugement tant l'acte était spontané, irréfléchi. Mais, avec la notion abandonnée de l'unique présent, avec l'apparition du temps, le futur prévisible, et donc pouvant être estimé, mesuré et calculé, le moindre acte en devenait suspect de par la recherche d'un effet, effet qui contribue à la création de la notion de temps.

La spontanéité est de l'ordre de l'accidentel.
Sans responsabilité rattachée.
Le bannissement de cet éden est dû à la maîtrise de l'aléa. Le hasard, appartenant à dieu, étant sa marge de manœuvre quant à son bon vouloir sans garde-fou, est alors éradiqué, obsolète, du moins contenu, dicté par le dessein de leur auteur.

Cette aptitude peut paraître positive par la possibilité de pouvoir estimer les dégâts avant d'agir, et ainsi, éviter les bavures, les méprises et les erreurs ; bref le néfaste.
Mais, elle induit aussi le fait qu'entre en l'esprit de l'Homme, en ligne de compte, une stratégie pour accomplir son dessein, constituant donc une contradiction paradoxale avec son destin, celui prévu par dieu. Le désir d'acter en vue d'obtenir personnellement quelque chose en retour. Au détriment d'autrui. Le « libre-arbitre » y est lié.
La complexité se propage à et dans tous les domaines qui peuvent être impactés. L'innocence de l'imbécile se dilue, faisant échec à une ancestrale systématique irresponsabilité.

Le doute s'est installé en l'esprit de dieu, sur les actes, la nature des actes de l'Homme.

Dieu est alors face à un casse-tête qu'il n'a jamais connu. Il est alors bien obligé d'exproprier de ses jardins cette créature douteuse. La confiance l'a quitté, en même temps qu'est apparu en lui ce nouveau sentiment, cette nouvelle sensation qu'il n'avait jamais connue auparavant, l'incapacité à tout maîtriser en son royaume.

L'Homme a supplanté sa volonté, cette volonté si divine, si incontestable, indiscutable et indisputable.

Puisque la « responsabilité » est née, le « Bien », comme le « Mal » sont forgés.

Faire le « Bien », comme faire le « Mal » délibérément.

Même le premier cas est gênant car il rend l'obligé, une sorte de remerciement, une sorte de dette, une sorte de récompense, une sorte de dû. Et cela fait naître la recherche d'intérêt, et l'hypocrisie des desseins contournés, celés, inavoués.

La phase du « Paradis » était la spontanéité, la pure attitude du désintéressé.

Ne pas réfléchir...

Faire à l'instinct.

Cette spontanéité est le temps présent, et uniquement lui.

C'est aussi et surtout l'absence de notion du temps, puisque le passé et le futur sont inexistants.

Le bannissement du paradis est la suite, en fait, de la découverte du temps, de son passé qui tricote les regrets et les remords, à son futur, qui susurre l'espoir et le désir par ses innombrables possibilités de faire et d'agir, et d'obtenir.

Et nous retombons ainsi dans le cas généraliste du « simple d'esprit ».

En réalité, son innocence n'a de raison que parce qu'il n'en a pas. Il n'intellectualise rien, il ne projette rien.

La sincérité est là, par l'harmonie avec le reste de l'Univers, par le « feeling », par sa connexion.
Les clés des portes de l'Éden aussi.
En définitive, ce « privilégié » n'est pas muni d'un sauf-conduit pour pénétrer en ce domaine, mais plutôt du fait qu'il ne l'a jamais quitté...
Et ainsi, le cas d'injustice est gommé.
Notre quête en tant qu'Homme dans sa noble définition, à la fois ardue et stricte, sanctionnable, est de reconstituer un équilibre originel, de rééquilibrer ce temps de l'instant. Ce temps de l'instantanéité absolue, qui désintègre passé et futur, est la notion même de l'éternité. Un monde, à la fois, visiblement figé, et en mouvement permanent doté d'un effacement continuel mémoriel, comme une amnésie perpétuelle. Les causes, les conséquences, et donc, les responsabilités sont inexistantes car toutes annihilées, fondues sans distinction de celles réalisées avec celles à réaliser.

Quoi qu'il en soit, les préjudices subis, car c'est l'essentialité de nos propos, qu'ils proviennent de l'un comme de l'autre, provoquent autant de souffrance.

Même davantage dans le cas de « l'innocent » coupable, puisque la victime ne peut se soulager par la mise en cause d'une responsabilité concrète, établie par l'identification de son auteur.

La « faute à personne », le « pas de chance » et le « doute » sont des circonstances difficilement supportables, doublant la peine de la victime, celle d'assumer en plus cette décision si « divine », ou « Naturelle », ou « existentielle », sans en connaître ni comprendre la raison.

L'obsessionnelle quête de la raison à toute chose est le miroir aux alouettes qu'est l'espoir de (re)trouver une âme en paix, ou le soulagement d'une peine.

Elle est du même acabit que le syndrome de l'application de la sanction à un coupable, en l'absence de l'énoncé du chef d'accusation, sans qui l'acceptation du châtiment est inconcevable.

La condamnation et la récompense sont intimement liées.

C'est, à ce titre, la principale problématique de la plausibilité de la théorie « quelconque » de la réincarnation de certaines religions. Nous reviendrons sur cette voie.

Mais à ce stade ultime, si nos bévues nous sont comptabilisées sans indulgence, que nous les payons au prix fort, alors, avons-nous, en contrepartie, pour nos « bonnes actions », l'attribution d'une meilleure note que celle pour l'individu inférieurement conscient?

Il ressort aussi que nous devons avoir, par certains aspects, l'opportunité de « corriger le tir », de rattraper certaines « erreurs », tant que le temps qui nous est imparti, court.

Et ce, pour alimenter la fameuse « Chambre de Compensations ».

Pouvons-nous d'un acte « Bien », effacer, ou du moins contrebalancer, un ou plusieurs actes « Mauvais » ?

Et dans ce cas, de quel ordre la difficulté serait-elle pour, à la fois, être un acte positif altruiste et une sorte d'auto-punition ?

Un sacrifice personnel en tout état de cause. Trop facile, en effet !

Et parmi les salamalecs des absolutions compensatoires, il est quand même probable qu'il n'y en ait aucune pour certains actes irrésolument irréparables.

Mais le doute sur leur existence est évident pour éviter à l'être de sombrer dans le « Mal », n'ayant plus de raison de s'autocensurer parce qu'il sait pertinemment qu'il n'a plus rien à perdre, et à gagner.

Cela causerait un effet pervers par un tourbillon maléfique, de vengeances et de punitions gratuites, générales et illimitées. Nous inscrivons ici le « Mal » du « Second Ordre »...

Nous reviendrons sur la nécessité de cette incertitude qui fait naître et entretient le doute.

Faire le « Bien » est-ce bien ?

Et faire le « Mal » est ce nécessairement mal ?

Et même, faire du bien peut-il être mal, et faire du mal, être bien ?

Nous voyons que ce n'est pas l'acte en soi qui est évaluable, mais le but qu'il atteint.

Là, naît le paradoxe où l'intention n'atteint pas sa résolution, son objectif, et qu'il crée même un effet contraire, opposé, néfaste.

Seul l'effet catégoriserait alors l'acte.

Ce ne serait plus l'acte qui serait à juger, mais sa conséquence seulement.

Mais, nous entrevoyons une problématique.
En effet, si l'intention était bonne, mais que l'effet final en devient perverti, devrions-nous lui concéder cependant une bonne note ?
Difficile est la réponse...
Nous devons, pour l'obtenir, adopter le raisonnement inverse.
Si l'intention était mauvaise, et qu'elle tourne à la polarité inverse, peut-on l'entreprendre comme un acte du « Bien », et par conséquent attribuer un « bon point » à son auteur ?
En aucune manière !

Ainsi, le résultat serait occulté, du moins s'il n'est pas en adéquation avec la motivation originelle.

Les notions de « Bien » et de « Mal » ne peuvent finalement se résumer qu'essentiellement au faste et au néfaste au regard de leur dessein respectif.

Un résultat différent de l'objectif, qu'il soit positif comme négatif, ne peut être mis que sur le compte de l'erreur, de l'aléa, et en aucune manière à son auteur.

Certes, pour éviter ces « désagréments », ces « effets indésirables » menés sous de « bonnes » intentions, mais dont le résultat serait négatif, et dont nous en serions « condamnables », la meilleure solution serait de ne rien faire.

Alors, pour éviter cette impasse gangreneuse que sont l'attentisme et l'immobilisme, il devenait nécessaire de proposer une échappatoire, une mesure relative.

La notion de « Pardon » entre ainsi dans la danse, et offre toute la mesure de sa valeur.

Dans ce cas précis seulement.

Mais, nous y reviendrons.

Ainsi, les intentions peuvent être de circonstances, atténuantes en cas de défaillance, mais seulement dans le cas binaire annihilateur déjà évoqué.

La fameuse notion de « dommages collatéraux ».

Si cette classe du « Mal » est assez complexe à appréhender par ses positions multiples et équivoques paramétrées avant toute chose, par la qualité du stade de conscience de l'auteur, en ce qui concerne la seconde catégorie du « Mal », son étude est plus circonscrite par son état dénué de subtilité.

Sa préoccupation primordiale et essentielle n'est plus son propre bénéfice, mais plutôt et surtout la quête de la souffrance de l'autre, et même si possible, d'en être la cause.

Le « Mal Suprême ».

Que dire d'autre ?!

Pour en revenir à notre démonstration mathématique, l'ensemble « moins infini » est donc sous-divisé. Non pas par des espaces dont les frontières seraient verticales où chaque sous ensemble serait la suite de l'autre sur la règle des valeurs, mais plutôt horizontales, l'un superposé à l'autre.

En effet, un même acte sur la graduation du résultat peut être du « Premier Ordre », comme il peut être du « Second Ordre ». Cumulatif. Associatif.

Pour éditer un jugement parfait, ce distinguo est essentiel.
Et, il peut même être d'un sous ensemble du « Bien », avec le cas évoqué précédemment de l'échec de la « bonne intention »...
Nous constatons que le jugement d'un acte « mauvais » est soumis à de nombreux paramètres qui sont formulés par des questions auxquelles il est obligatoire d'y répondre.
Et s'il est évoqué des circonstances atténuantes, il doit être aussi énuméré, pour des raisons d'équité, les circonstances aggravantes lors d'une estimation d'un acte « Bien ».

Et si cette partie du « Négatif » se distingue en différente classe, ou caste, alors le « Bien » pourrait être sous divisé aussi.

Et puis, n'oublions pas le facteur temps qui revient comme un boomerang.
En effet, un acte dont l'effet paraît néfaste au premier regard, aux premiers instants, peut engendrer ultérieurement des conséquences bénéfiques...
Sans parler d'un même acte dont les conséquences sont bénéfiques pour l'un, puis désastreuses, plus tardivement, pour un autre, et même pour le premier.
D'un côté, il peut être évalué comme un « bon point », et de l'autre, comme « mauvais ».

Au vu de la complexité du monde, ne serait-ce que terrestre, alors, comment juger un acte au niveau universel et intemporel ?

Uniquement par la qualité de celui qui les reçoit. Une résultante « méchante » sur une personne du « Mal » ?

Et même, il faudrait alors peser le pour et le contre, le bénéfice gagné par rapport à la perte, ou, là aussi, une sorte de « Chambre de Compensations » doit effectuer une synthèse afin d'aboutir à un résultat clair et pertinent de justesse. Plutôt un sac de nœuds.

Et nous devons aussi établir la notion de « mérite », et même le quantifier sous une valeur puisqu'il faudrait évaluer si, celui qui a obtenu un bénéfice, a un mérite supérieur à celui qui ne l'a pas eu, ou alors inférieur à celui qui a subi un dommage...

Le jugement du « Bien » et du « Mal » ne peut, pour qu'il soit exempt de défaut, son caractère de « définitif » l'y obligeant, que comprendre et compenser les différents sous-ensembles, et ce, pour tous les actes, qu'ils aient été commis, et même non réalisés...

Ce n'est ni son acte, ni son objectif espéré, ou atteint, mais les seules conséquences extérieures qui font de l'Homme un être du « Mal » ou du « Bien ».

Ou, peut-être, est-ce simplement aussi futile qu'un score d'un jeu vidéo...

La possibilité de l'existence du choix

Nous l'avons vu, le « Bien » ne serait donc, peut-être pas, la meilleure, ni la plus noble des solutions quant à l'attitude à adopter dans la quête du « Juste ».

Un excès de bonté n'est-il pas la source de l'assistanat et de la dérive vers tous les travers pour la détermination de soi, et de l'entrave à la mise en test terrestre de l'Homme par dieu ?

Et en son nom, tout est pardonnable.

D'ailleurs, dieu, selon certaines croyances, n'est-il pas l'image de quelqu'un de dur, de rigoureux et de ferme pour être tacitement « juste ».
Par l'exemple de la répudiation d'Adam et d'Ève, dieu n'a-t-il pas été dur, voire même excessivement dur, au point d'en devenir « injuste » à l'extrême ?
Il ne leur a pas laissé de deuxième chance, et aucun moyen de rédemption par une amnistie de confiance.
La punition pour toute une descendance, qui n'est pas responsable de l'acte originel, n'est-elle pas inique ?!
Ou simplement, par sa colère, dieu n'a-t-il pas manifesté son agacement pour cette création quelque peu turbulente, insensée (dans le sens dénuée de

tout sens) et irraisonnable (dans le sens dénuée de toute raison) ?!!

Ou est-ce seulement l'enjeu d'un pari avec lui-même, ou avec une partie de lui-même ?! Cette partie qui s'est scindée et qui a donné naissance à ce qui a été vulgairement appelé « Lucifer », « Diable », et autres ?

Pour justifier tant d'injustice de sa part envers nous, ayant déjà des scrupules à user de viles manières pour éliminer son frère devenu « faux », alors qu'il n'en a point eu pour répandre, pour éclabousser tant de descendances, non responsables de l'acte blasphématoire originel, cela ne peut être du fait que nous sommes à jamais les mêmes, que nous ne sommes que les descendants de nous-mêmes, que nous n'évoluons que dans un phénomène de réincarnation.

Ceci est la seule condition, explication et justification pour que la réputation de dieu ne soit pas tant entachée d'iniquité, et qu'il soit à l'image de celle que nous nous sommes faite de lui.

Quoi qu'il en soit, à remarquer ses changements de stratégies, « évolutives » au regard de ses successives tentatives d'éducation de l'Homme, énoncées par les lois bibliques, il a été bien démuni malgré sa légendaire omnipotence.

Comme quoi, la bêtise de l'Homme a eu « raison » de l'intelligence et de la puissance de dieu.

En effet, à l'origine, la punition était supérieure au préjudice.

Ensuite, fut énoncée la « Loi du Talion », une équité entre le dommage et la sanction.

Et pour finir, l'absolution totale fut adoptée, sous condition de simples et faciles aveux saupoudrés de repentirs.

Nous pourrions croire, qu'avec le temps, dieu serait devenu plus sage, plus conciliant, plus « coulant », plus humain.

Mais, en réalité, dieu ne pouvait-il faire autrement ?

La résignation a éteint l'espoir de dieu en l'Homme.

Si les règles étaient trop dures, au vu du niveau bas de l'espèce humaine, dieu ne pouvait récolter que très peu d'élus, de disciples.

Ainsi, le « Pardon » fut une nécessité pour augmenter le « numerus clausus » d'éligibilité à l'accession de citoyenneté en son « état », son peuple.

Dieu perdait-il en définitive son pari avec diable, au compte du nombre d'adhérents ?!...

La quantité primerait-elle finalement sur la qualité ?!

Ou, le temps aurait-il une influence sur ses émotions, et dans ce cas, ne serait-il pas moins "intemporel" que certains n'ont voulu nous le faire croire.

Dieu ne serait plus ce qu'il était !

En observant que tout évolue, tout change, pourquoi dieu n'aurait-il pas assimilé ou subi, lui aussi, des transformations ?

Par suite d'expériences, ou de simples observations de l'Homme qui est sous le joug du temps...

Ou, se servirait-il de nous comme des boucs émissaires, ou des cobayes ?...

Ce serait alors la prise du pouvoir céleste par le peuple humain, comme une dictature abandonnant ses principes à une démocratie.

Une révolution, le communisme a pris le pas sur la volonté de dieu.

Sans disciples, une religion n'est rien. Et sa divinité, non plus.

La croyance n'appartient qu'à ceux qui l'entretiennent, et non à son idole.

Au nom de dieu, des massacres ont été orchestrés.

Pourtant ces écrits rapportant la parole divine n'ont été réalisés que par des hommes, et jamais par une quelconque divinité. Ces hommes élus ont avoué avoir eu une révélation, et n'être que l'instrument de dieu.

C'est à la fois un moyen et une excuse pour ne pas avoir à assumer de responsabilité sur des propos qui ont été mis en exergue au point d'en devenir lois.

Ce type de croyance fait naître autant le dieu que le diable.

Mais ne se pourrait-il pas que diable ait usurpé l'apparence de dieu pour abuser les fidèles et faire commettre des crimes en son nom ?

Il est certain que rien ne peut les aider à authentifier l'auteur de cette « apparition », si ce n'est que la croyance est basée sur les dires dictés par la folie.

En effet, toute chose annoncée comme la « Vérité » par la croyance, sans preuve, peut être considérée comme subjective et donc assimilée à de la démence.

Les croyances ne seraient alors qu'une folie approuvée par ses adeptes lui prodiguant des vertus extra-naturelles.

Bref, des hommes massacrent, ou imposent leur vision à d'autres hommes, au nom d'écrits effectués par certains autres hommes, sous la signature apocryphe d'un dieu invisible, ou absent, ou même inexistant.

Quelle absolue malhonnêteté !

Pire, quelle effarante et effrayante stupidité !

Quoiqu'il en soit, si grand était le pouvoir de dieu, et si grande était sa volonté, il lui aurait suffi de « fabriquer » des hommes, des êtres parfaits dès le départ, plutôt que de laisser faire (dégénérer ?) les actes, et les espèces.

La question qui vient alors, est :
Pourquoi avoir agi ainsi ?

La seule explication est qu'il ne maîtrise pas tout.

Et cette séparation de son alter ego passe par un tri terrestre pour savoir qui est avec qui.

La notion du choix entre en jeu, ici.

Le fait d'accepter l'existence d'un dieu permet, d'une part, de se réconforter par la protection d'un être plus fort, et, d'autre part, de rejeter ses propres fautes, ses propres erreurs commises sur la volontaire responsabilité divine.

Il arrive même que certaines personnes, parmi elles « croyantes », considèrent dieu comme injuste, en l'accusant des morts causées par meurtre, par attentat, ou par guerre. Ils « oublient » allégrement autant que malhonnêtement que ces conséquences ne sont dues qu'à des actes perpétrés par la seule volonté des hommes, pour quelque motif que ce soit, par goût du lucre, par orgueil ou par croyance.

Par leurs actes immondes, ces mêmes individus renient dieu d'une manière tacite.

La seule et principale responsabilité de dieu est d'avoir conçu, ou laisser concevoir, des médiocres et des abrutis, du moins dans une quantité majoritaire.

Ou du moins, de laisser côtoyer la lie de l'Humanité avec les gens du « Bien ».

Il est évident qu'un, soi-disant, « croyant » commettant des meurtres, par attentat ou en guerre, sans motif légitime si ce n'est celui de « servir » ce qu'il considère comme dieu, renie ce dieu.

Il est même à considérer, que ce dieu, qu'il vénère, ne serait, en fait, que diable déguisé.

En vouant leur dévotion à cette divinité, ils croient servir dieu, mais servent, en définitive, son adversaire.

Le travail du diable a été si bien peaufiné qu'il a eu pour résultat d'intervertir l'apparence des rôles, la plus belle des impostures.

Par ailleurs, pour les adeptes du diable, ce dernier est un dieu…

Quoi qu'il en soit, ces agissements contradictoires à ce qu'ils revendiquent, sont inadmissibles par le raisonnement sain et logique. Cette débauche de l'esprit est appuyée et exacerbée par la promesse d'une divine récompense espérée en échange de leurs actes.

Or, tout authentique et sincère « croyant » ne peut être motivé par un cadeau, sous quelque forme qu'il soit.

Seul, et seulement, par celui de l'accomplissement d'un acte pur, sans intérêt. La notion du « beau et noble geste ».

Si une quelconque rétribution entre en jeu, l'acte pur est falsifié, et son but annexe devient primordial.

La conséquence est importante, la cause, non.

Nous en venons à la fameuse phrase : « la fin justifie les moyens ».

L'espérance d'une récompense pour un acte de service, si divin soit-il, ne dévoile en fait que l'appartenance à diable.

Nous serions alors en place et en face d'un test, pour faire nos preuves.

Faire le « Bien » ne serait qu'aller au contraire de cette notion d'épreuve divine. Si nous considérons que les aléas de la vie ne peuvent servir qu'à voir notre réaction face à eux, aider pourrait fausser le résultat, l'estimation.

Certes, il est à considérer que la notion de test est pour juger notre propension à porter l'aide et non à la subir. Mais, si nous imaginons un monde parfait, où tout un chacun vit en plein bonheur, alors, aucun espoir d'une vie post mortem paradisiaque ne serait à envier, ni à envisager, puisqu'elle serait déjà présente ici-bas.

Éventuellement, la seule crainte serait de perdre ces avantages, ces privilèges, cet équilibre. La quête d'éternité serait alors la seule préoccupation.

Encore faudrait-il connaître le chaos, du moins sa probable existence, pour savourer ce qu'est l'harmonie.

Ensuite, comment mesurer l'effort, la conviction, le travail sans apport du mérite final. Il serait absolument impossible de juger autant l'esprit face à l'adversité que l'esprit qui porterait secours.

La générosité est l'adversaire du mérite.

Le « Mal » est donc nécessaire.

Et toutes les politiques, prônant les égalités sociales, hormis le fait que, dans cet état de pensée, serait l'éviction même du mot puisqu'une seule et même couche serait nommée, ne font qu'entrer en contradiction avec la notion de test terrestre, d'épreuves, de mérite divin.

Ces politiques adoptent le don gracieux de la bonté, fer de lance de beaucoup de religions, de croyances. Ces mêmes politiques dénoncent souvent la notion de religion, car elles utilisent les mêmes artifices pour assouvir le pouvoir à ceux qui l'acceptent comme tel, et aux autres qui le refusent.

La volonté de certains croyants d'éradiquer le « Mal » sur Terre peut être en contradiction avec les volontés de la divinité qu'ils adorent.

Le problème est donc porté sur le motif de cet acte, « aider ou assister dieu ». Par sa définition, un dieu n'a nul besoin d'assistance ou d'aide. La seule aide, ou assistance, est celle qui nous est propre, dont nous possédons le contrôle, ou presque.

En fait, la seule aide que nous puissions lui apporter est d'effectuer le plus grand travail sur nous-mêmes. C'est, peut-être, le seul bastion dans lequel il n'a aucun droit, par nature, ou par règle de jeu.

Cette dernière possibilité étant à considérer dans le cas où il y aurait un « jeu » entre dieu et diable, le terrain étant la Terre et les pions, ses occupants.

Ce tri terrestre est-il le fruit d'un arrangement à l'amiable, ou une conséquence inévitable ?

Il ressort dans tous les cas qu'il n'est pas capable de reconnaître les membres de son équipe puisqu'il a besoin de nous tester. Mais cela relève d'un autre chapitre.

Il reste la possibilité que nous soyons, nous-mêmes, dieu. Et plus exactement chaque individu une partie de dieu-diable !

Cette éventualité est assez charmante lors de la vision de personnes qui prient, car en fait, cela reviendrait au fait qu'elles se prieraient elles-mêmes, et sans le savoir.

Cela est particulièrement bien exprimé par la phrase « Aide-toi et le ciel t'aidera », qui est une auto-suggestion parfaite.

La seule aide que nous puissions attendre est la nôtre. Individuellement, ou en groupe ?!

Dans cette optique, nous pouvons considérer que dieu n'existe pas tout en existant.

Et diable de même.

Le temps aurait-il aussi agi sur eux ?

Quelles peuvent être alors les modifications sur le comportement et le jugement de dieu et l'implication de nos choix des actes ?

Si nous considérons que la tempérance des jugements de dieu au cours des âges est un facteur positif (discutable, certes), sa direction serait à tendre vers le plus infini. Le mouvement, alors entamé, continuerait vers son extrême bonté. Ou lassitude.

Nous pouvons, en parallèle, identifier la même progression des valeurs de diable vers l'infini de l'espace négatif. Mais, leurs « vitesses » sont-elles identiques ?

Nous pouvons estimer que si, autrefois, en rapport avec un acte négatif, une punition supérieure devait être allouée, ce qui pouvait tendre à entrer dans le camp adverse, et qu'ensuite, une dette devait être équivalente au préjudice, alors actuellement, le pardon ne peut donner lieu qu'à une évaluation de l'acte négatif permissif en tout point.

La question est de pouvoir démontrer quel est le camp, dieu ou diable, est le plus à même de répondre à nos attentes.

Nul n'est ainsi à juger puisqu'aucune des parties ne serait la « juste ».

Quand on décrit la punition de la part du camp du « Bien » pour avoir fait de mauvais actes, nécessairement nous pouvons considérer une récompense de la part du camp du « Mal » pour le même acte.

Si la frontière a été modifiée au cours des âges, par cette volonté d'absolution à tout prix, il est à notifier que pour appartenir, ou avoir un pied dans le camp du « Mal », l'acte doit être d'autant plus ignoble.

Diable doit pousser d'autant plus loin ses limites d'atrocités car dieu, par son pardon, repousse les siennes en empiétant sur le camp du « Mal ».

Ainsi, il est possible qu'un même acte, mauvais, concerne à la fois, le camp de dieu et le camp de diable. Le choix ne devient plus l'acte en soi, mais plutôt en quel nom nous le commettons.

Si dieu, par son pardon, peut récupérer la clientèle de diable, ce dernier n'abuserait-il pas de bonté pour charmer ceux qui étaient prédestinés au domaine du « Bien » ?!

Quoi qu'il en soit, si nous adoptons l'idée de test terrestre, il est évident que nous avons donc le choix de nos actes. Et si nous avons le choix de nos actes, il est normal que nous subissions des épreuves pour établir ce que nous sommes réellement.

La plus grande difficulté n'est pas de sombrer vers un côté ou un autre mais celle de rester au centre, la position la plus parfaite, la plus juste, et qui ne serait pas, nécessairement, celle de dieu.

Seule cette attitude, similaire à celle de la corde raide, permet d'être et d'appartenir à ce que nous imaginions de ce qu'était dieu, ou plutôt ce qu'il pourrait être, et même ce qu'il aurait dû être !

Cette voie permet de dépasser dieu, et de le créer tel que nous n'en faisions qu'une image.

Cette position centrale semblerait l'équilibre parfait.

Cette théorie multi-facettes reflète en spiritualité ce que les scientifiques relatent, en théorie toujours, pour la création de l'univers.
Matières, anti-matières…

Sans cette notion de choix, celle du test terrestre est sans fondement, et par conséquent, les principales religions obsolètes.

L'existence terrestre serait alors, tantôt, selon les destins, un club de vacances, ou un bagne.

La possibilité de l'existence du péché

* La tentation nécessaire

Nous avons précédemment abordé la théorie comme quoi nous serions sur Terre, et, peut-être, aussi ailleurs, pour être testés. Pour déterminer et pour faire reconnaître qui nous sommes vraiment, peut-être pas pour nous-mêmes, mais pour pouvoir être rangés dans telle ou telle catégorie (« Bien », « Mal », ou autre…).
Cela démontrerait l'impuissance de jugement direct de celui ou de ceux qui gèrent ces parties (dieu, diable, etc.).
L'autre possibilité était qu'il n'y avait pas de gestionnaire de ces parties, et qu'en toute chose, ce n'était que l'ensemble qui constituerait ce que nous nommions « divinité ».

Apparemment, ce qui ressort le plus probant serait la notion de test dans le sens de filtration, d'épuration par le biais de cette vie terrestre. Nous serions dans une phase de triage, avec la faculté, peut-être, d'auto nettoyage au cours du temps, des vies successives.
Dans cet optique de promesse d'un paradis éternel contre un temps limité sur Terre consacré à la sagesse, à la bonté et tout le « toutim », la tentation est plus que nécessaire.

En effet, comment évaluer les valeurs d'honnêteté et de droiture, la force, la conviction, la sensibilité, la justesse des décisions si aucune contradiction n'intervient dans le parcours de vie. La vertu ne serait alors que la résultante d'un manque de proposition, d'alternative.

Quelle serait, en fait, la valeur réelle de cette vertu obligatoire, et comment un jugement honnête pourrait-il être accordé ?

Comment la résistance, la profondeur et surtout le point de rupture de cette directive pourrait-elle être estimée ?

D'ailleurs, nous est-il accordé un point de rupture, ou notre conviction doit-elle être, seulement, sans conteste, absolue ?

Cela démontre une défaillance à ce test des personnes optant pour un choix de vie recluse. La personne qui choisit ce mode de vie, retiré de tout contact avec la tentation du péché, déclare son refus à être testé, jugé. Cela peut être considéré comme de la mutinerie, au même titre que le suicide.

Ce qui est le plus étonnant est que ce goût pour ce mode de vie est souvent celui des personnes les plus pieuses, les plus croyantes. Elles pensent vouer leur vie à leur dieu, mais ce dernier ne peut les juger par manque d'éléments tangibles.

Quelle serait cette divinité qui se contenterait d'une vie de reclus pour ses « membres actifs », dont leurs principales activités sont la prière et l'attente ?!

La tentation est nécessaire pour pouvoir être jugé. Refuser cette probabilité de défaillir relève de la haute trahison envers son dieu, car la personne recluse n'offre à sa divinité que la position de jugement d'un non-lieu.

Pour aborder ce qui pourrait être considéré comme un péché, nous allons revenir nécessairement sur les notions de « Bien – Mal ». Nous n'oublierons pas le fait que leur frontière commune se serait déplacée au cours du temps comme nous l'avons vu précédemment.

Si donc, pour avoir une autre vision du sujet, nous transposons les notions de « Bien-Mal » à celle du « Beau-Laid », nous pouvons les décrire sous un nouvel angle.

Nous pouvons accepter que le laid et le beau n'existent pas comme une vue manichéenne puisqu'il n'y a pas de lois d'équations; tout n'est qu'interprétation et subjectivité.

En fait, seul l'objectif de l'existentialité est primordial.

Tout ce qui a été créé peut être considéré comme beau puisqu'il a été, de par lui-même, conçu pour être, et seulement être.

Ces notions de résultantes sont-elles un but de création ?

Étant étrangères à ce choix lors de leur création, ou formation, les choses existantes de la nature ne sont que ce qu'elles sont. Ce n'est que notre esprit, subjectif, déterminant ce que nous aimons, ce que nous n'aimons pas, les fait considérer comme « beau » ou « laid ».

Nous en venons nécessairement au problème de « l'Inné » et de « l'Acquis ». Il est certain que ce qui touche à l'émotion culturelle est lié à une éducation environnementale des us et coutumes.

Par ailleurs, aucune éducation n'est l'outil pour apprécier un magnifique paysage, un merveilleux animal ou un mouvement gracieux lorsqu'ils sont d'ordre de la Nature.

Le degré d'émotion n'est associé qu'à la sensibilité de l'être. Elle peut se développer avec le temps, s'apprendre un peu, mais jamais s'expliquer au point de l'acquérir. Chacun peut percevoir cette communion avec les éléments et ressentir quelque chose en plus, cette chose qui fait que nous ne pouvons que croire en autre chose.

Les notions de beau ou de laid ne sont que subjectives certes, mais la vérité en ce domaine n'existe pas, elle n'est de vie que par notre existence et notre subjectivité, donc de notre jugement.

Si on ne se permet pas de déterminer les choses par rapport à ses goûts, orchestrés par la subjectivité, aucune chose n'est belle, aucune chose n'est laide.

En fait, il y a des vérités qui n'existent pas, et elles ne sont imaginées que parce que nous sommes; aucune universalité, aucune divinité ne peut donner cette réponse; la question ne doit même pas exister.

Nous pouvons alors penser que d'autres vérités, dont nous sommes en quête toute notre vie, seront introuvables car inexistantes.

Et donc, ces vérités, si nous les trouvions, seraient, en fait, fausses.

Les réponses seraient alors une invention purement humaine, une déformation de la pensée "intelligente" de l'homme. En fait, c'est une utilisation trop diversifiée et dispersée de la faculté de penser; comme avec un nouveau jouet qui nous fascine, ou nous amuse, nous sommes attirés au point d'avoir l'envie irrésistible (?) de l'utiliser dans toutes les circonstances possibles, juste pour voir ce dont il est capable.

Toute cette précaution de jugement relative au goût peut aider à assimiler les notions de « Bien-Mal » sous l'aspect qu'il n'a pas d'existence réelle si ce n'est que par la détermination d'une conscience.
Et si les notions de « Bien-Mal » sont insaisissables, quelles en sont celles du péché ?

Certes, plus l'individu est élevé dans la hiérarchie sociale et plus son pouvoir est important, plus ses actes doivent être à la hauteur de sa position, et ses fautes d'autant plus impardonnables, sanctionnées et punies, si minimes soient-elles.

Il ressort ainsi que la nature de deux actes similaires ne peut être considérée de la même manière selon leurs auteurs.
La notion de péché en va de même.

Tout acte a une part de « Bien » et de « Mal ». Même le plus vil a une estimation bénéfique, même le plus généreux en a une maléfique. Ce n'est qu'une question d'interprétation et d'attribution.

Par exemple, chacun des points dans ce diagramme a une valeur négative et une valeur positive.

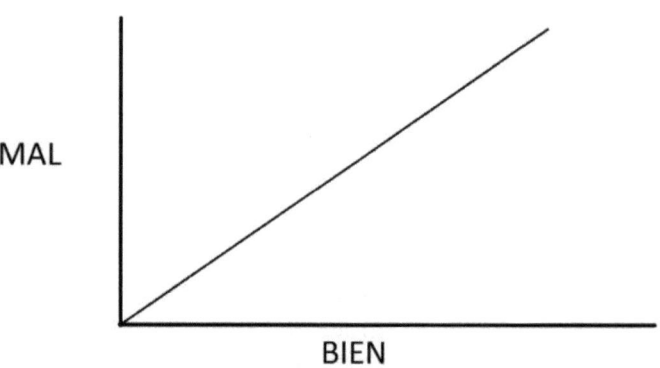

Chaque acte est un point, chaque valeur d'esprit peut en être un.

Il serait donc attribué à chaque faute, une catégorie entrant dans le graphique « Bien/ Mal » dont il est fait mention précédemment.

Il resterait à savoir si ces fautes sont des points qui peuvent être cumulés, ou soustraits.

Et comment seraient les cotations par rapport à un même péché : en fonction du temps passé, de la conviction, du plaisir retiré, de la faiblesse différente selon les individus, des remords, de la préméditation, de l'innocence partielle, etc. ?

Quelles valeurs pourraient-elles avoir, ces fautes ?
Il apparaît une certaine fluctuation des cours, et une adaptabilité de ses indices selon leur auteur.

Chacune des fautes seraient alors identifiées, inventoriées, mais leurs valeurs sujettes à une échelle selon la catégorie de l'individu l'ayant causée.

Un même acte aurait plusieurs valeurs différentes en fonction de celui qui le commet, ou plutôt de sa position d'être. Et même, un acte identique ne vaudrait pas la même valeur pour un même individu selon la période à laquelle il le commet.

En effet, si la personne est d'une forte valeur négative et qu'il commet un acte de valeur faible, même négatif, il risquerait de baisser son état, son grade, et donc de se rapprocher de la partie positive.

Vu de la partie positive, un tel acte, même négatif, serait à considérer comme positif au regard de la position de l'individu, se trouvant déjà fortement négatif.

Plus notre position est élevée, plus nous devrions effectuer des actes en rapport avec ce qui engendre la nécessité d'être à la hauteur de notre position.

Il y aurait alors des groupes, des ensembles, une hiérarchie où chacun aurait sa place.

Par ailleurs, au vu de nos actes, de nos péchés comme de nos « bonnes actions », notre vie ressemblerait-elle à un diagramme ou se résumerait-elle à un point final, qui évolue et change de position au fur et à mesure de notre vie ?

La valeur totale de nos actes pourrait être indexée en fonction de notre position finale sur ce tableau. Cette dernière prendrait-elle le pas sur l'ensemble de toute une vie ?

Le jugement en serait bien différent.

Il suffirait alors de « commettre » un acte sain juste avant la fin de sa vie. Certes, la position serait bien distincte selon le parcours de vie.

Cela pourrait se rapprocher des notions de rachat, de rédemption, de pardon, mais pour ce dernier, en la version « autoproclamée ».

La possibilité de l'existence du Jugement et de la Punition

Le « Pardon » et la « Rédemption » sont nécessaires pour ne pas rebuter les gens à changer, car, sinon, une fois qu'ils auraient entrepris ou occasionné de « mauvaises » choses, sachant que cela ne changerait en rien leur destinée finale, les « fauteurs » ne trouveraient pas la nécessité de changer leur attitude.

Même si cela peut paraître intéressé, de la part des deux parties, dieu et l'Homme, ce n'est que par ce deal donnant-donnant que dieu peut éviter de faire sombrer l'Homme dans une spirale abyssale du « péché ».

Et qui dit « Pardon », dit « Jugement », et qui dit « Jugement », dit « Punition ».

* La responsabilité de nos actes

La grande question qui concerne notre existence n'est pas le triptyque classique nombriliste :
« D'où venons-nous ?,
Qui sommes-nous ?,
Où allons-nous ? ».

La véritable question est de connaître à qui échoie la responsabilité de nos actes.
Au corps ou à l'âme ?

Tout d'abord, il faut accepter le fait qu'il y ait ces deux existences. Il est certain que peu de personnes discuteront sur le sujet de celle du corps, il aussi certain que pour celle de l'âme, il est nécessaire d'utiliser le terme dans sa définition de « possibilité d'existence ».

Nous allons user du même raisonnement qu'auparavant.

Pour l'existence du corps, nous allons la valider sans discussion. Même si certaines théories peuvent la discuter en abordant le sujet comme quoi nous n'existerions pas d'une manière réelle, nous y reviendrons dans un autre chapitre.

Pour celle de l'âme, il y a deux solutions : l'existence, la non-existence.

Nous allons écarter la probabilité comme quoi l'âme n'existe pas. Non pas que des preuves contraires peuvent être présentées mais plutôt que dans ce cas, à la question première « A qui échoie la responsabilité de nos actes ? » la réponse est évidente par l'unique coupable désigné : le corps. Si même cette réponse peut engendrer des questions, des théories, nous l'écartons, pour l'instant, du sujet présent.

Nous allons accepter l'hypothèse selon laquelle l'âme a une existence, et qu'elle côtoie le même environnement du corps, et des actes qui sont commis.

La question qui s'en suit au niveau du jugement divin est de savoir comment sont départagées les responsabilités, en bref, à qui, ces actes, sont imputables pour pouvoir être jugés ?

Si nos actes sont dus uniquement au corps, il n'est plus besoin de comptabiliser la responsabilité à l'âme. Si on accepte la théorie comme quoi il y a une vie post mortem, et qu'il y a séparation du corps et de l'âme, pourquoi dieu punirait-il l'âme alors que ce n'est que le corps qui en est responsable. Une punition, comme une récompense, seraient de l'injustice.

Mais surtout, dans ce cas, la notion de tri terrestre des âmes serait sans fondement puisque ceux qui seraient récupérés seraient uniquement un objet étranger (âme) à celui qui serait jugé (corps). De même que celle de l'amélioration de celle-là. L'âme serait à l'identique de la naissance à la mort. Peut-être, seul un enrichissement en expériences en plus. Nous serions éventuellement des collecteurs d'informations pour approvisionner le compte de divertissements d'un divin. Mais en aucun cas, il ne pourrait nous juger, en tant qu'âme pour des responsabilités dues au corps. Seule, peut-être, celle de n'avoir pas pu canaliser, domestiquer, maîtriser ce corps.
Cette théorie ne tient pas.

Le jugement divin ne serait que le tri des forts et des faibles, ces derniers ne l'intéressant pas. Dieu ne souhaiterait que des puissants, laissant donc les autres en pâture à celui qui les veut bien. Diable aurait donc une compassion, une foi pour ces rejetés, ces bannis, ces damnés.
Cet aspect est saisissant par son paradoxe des croyances que nous connaissons au travers des religions !

Ou alors aucun jugement, aucune punition, aucune récompense ne nous attend, nous ne serions alors que des pantins, acteurs d'une pièce de théâtre pour divertir les dieux.

Nous ne serions alors rien.

Ce qui est aussi une éventualité.

La deuxième option est de considérer que nos actes sont la conséquence de l'esprit, le jugement déclarerait une entière responsabilité de ce dernier. Mais alors, pourquoi utiliser le stratagème du test terrestre matériel pour juger une âme, qui par définition est dans un monde virtuel, abstrait. Sans doute que dans un monde purement spirituel, les notions de tentation, de test, de contrainte, de difficultés ne peuvent réellement exister. En effet, selon la définition, l'esprit, dans son monde, peut tout créer, tout surmonter. Il serait difficile de juger la réelle valeur si tout peut se transformer à volonté. L'aspect concret de la vie est nécessaire pour lui rendre tout son sens quand on la considère comme un test.

Donc, si nous admettons que l'âme seule est jugée puisque ce serait uniquement elle qui atteindrait l'état « après-filtrage » terrestre, nous sommes obligés d'admettre que les aspects physiques, matériels sont indispensables.

Il est nécessaire d'être confrontés aux aléas de la vie. C'est pourquoi le suicide est souvent promis à une punition divine.

C'est pourquoi une vie terrestre purement spirituelle est à bannir.

C'est pourquoi une vie recluse est à considérer comme une haute-trahison, une mutinerie envers son dieu ! Ce qui est à l'encontre de ce que peuvent penser ceux qui la pratiquent, en espérant vouer leur temps à leur dieu. Le raisonnement démontre, à l'évidence, qu'ils se trompent par rapport à leurs propres valeurs.

La théorie de certaines religions qui affirment et soutiennent l'idée de la réincarnation et que la punition de nos actes se retrouve dans nos vies postérieures ne tient pas.

Quelle est la punition quand on ne connaît pas la faute ?

Ne la prenons nous pas pour de la malchance, de l'adversité, le fruit du malencontreux hasard ??

La punition doit faire prendre conscience de la faute, afin de la corriger, ou de ne pas la renouveler. Infliger une peine sans l'affirmation du motif et du jugement peut être considéré, du moins par celui qui la subit, comme de l'injustice.

Une conséquence sans en connaître la cause ne sert strictement à rien car l'analyse est impossible, autant que la correction souhaitée.

De plus, ce ne peut être qu'une façon matérielle de peine, et non spirituelle.

La souffrance du corps serait la punition de l'âme sans qu'elle en connaisse la cause ?!

Cette théorie de punition ne tient pas.

Mais celle de la réincarnation est plus que plausible.

Seule l'interprétation délictuelle relative à la suite des vies s'avérerait indéfendable et aberrante.

Dans la théorie selon laquelle nous ne serions que des acteurs pour divertir les divinités, comme nous le retrouvons pleinement dans la mythologie, aucune responsabilité ne nous est imputable. Nous ne jouerions que des rôles, irresponsables ; et ceux qui refuseraient de participer seraient à blâmer, par une punition divine.

Mais surtout, à qui doit être infligée la punition lors d'agissements délictueux, de quelque niveau qu'ils soient ?

Punir le corps alors que c'est l'âme qui est coupable ?
Punir l'âme alors que c'est le corps qui est coupable ?

Il est certain que cela touche de toute façon le même individu. Mais une injustice peut en découler.
En punissant le corps, on peut atteindre l'âme.

Si la responsabilité est due au corps, lors d'une exécution capitale, ce n'est que renvoyer l'âme vers un autre corps. Si l'âme est à blâmer, nous expédions le coupable dans un autre « casier » pour le retrouver dans un nouveau corps vierge de toute future suspicion jusqu'à son futur crime. Il est donc évident qu'il est préférable de « conserver » un coupable en prison plutôt que de lui offrir une évasion et une nouvelle identité en lui ôtant la vie de ce corps. Voilà un argument inattaquable pour ceux qui sont contre la peine de mort.

A condition, de ne pas offrir une grâce…
Mais cela est un autre sujet.

Le problème évident pour un jugement est la période d'évaluation.
La durée de vie.

Comment juger quelqu'un sur 40, 20 ans, voire 6 mois ?!
Prenons le cas d'une personne n'ayant fait que des actes dits « bons », ou commis aucun acte « délictuel », sur les entiers 20 ans de sa vie, et qu'il meure. Comment juger cette personne « bonne », du camp du « Bien » ?
Hormis l'important problème de la considération des actes et des « non-actes », entre commettre un bon acte et ne rien faire, il est certain que l'on ne peut savoir ce qu'il aurait fait s'il avait vécu 20, 10, ou même 5 ans de plus.
Il est certain qu'il serait préférable d'être toujours neutre, ne jamais se confondre ou se « mouiller » dans des actes osés, et certainement les clés du paradis nous seraient offertes. Cela apparaît comme faussé.

L'autre important problème est que le jugement ne serait pas juste pour une autre personne ayant le même cursus jusqu'à cet âge, et qui aurait « dévié » après s'il avait vécu. Le principe est identique à celui qui se retire du jeu dès qu'il est gagnant, de crainte de perdre. Il serait alors à considérer cette personne uniquement sur ses 20 premières années, occultant le reste. La réponse ne peut être là.
Il en va de même pour l'inverse. Une personne ayant commis de mauvais actes au début de sa vie pourrait-il se « racheter » si on lui laisse le temps ?

Si oui, le jugement deviendrait inique pour celui qui n'aurait vécu que ces premières mauvaises années, sans temps de rattrapage.
La réponse n'est pas là, non plus.

Il est donc nécessaire de pouvoir « rattraper » ses erreurs. Et une vie ne pourrait suffire.
La nécessité de plusieurs vies est évidente si l'on conçoit la vie comme un test divin.

Si tel n'était pas le cas de la pluralité des vies, sous quelques formes, ou sur quelques autres planètes, qu'elles puissent être, les cartes seraient truquées, et les résultats faussés.

Si l'on ne considère pas la vie comme un test divin, tout est acceptable. Seule la notion du « beau geste » peut demeurer ancrée dans les motivations de nos actes. Toute la noblesse repose ainsi l'âme de toute contrainte. La pureté est là. L'acte gratuit, sans espoir de quelque récompense, si divine soit-elle.

Nous serions donc à la base, au départ, éligible au paradis puisque même dieu ne peut savoir réellement ce que nous valons, et se doit de nous confronter à des épreuves pour nous découvrir.
Et pourtant, toutes les religions promettent à leurs « fidèles » une récompense.

Et dans ce cas, au vu de récompenses, d'avantages, et d'intérêts en jeux, comment dieu peut-il être certain de juger réellement ? Que cela soit pour distribuer récompense, ou punition…

La possibilité de l'existence du Pardon

La notion du pardon est omniprésente dans les religions. C'est une notion qui arrange beaucoup de croyants, mais aussi surtout ceux qui propagent ces convictions.

Si nous admettons le cas, comme nous l'avons précédemment évoqué, comme quoi dieu serait dans l'infini positif, que nous nommerons « Bien », il pardonnerait sans condition tous les actes répréhensibles. La notion de tri terrestre n'aurait pas lieu d'être.

Toutes les âmes seraient obligatoirement accueillies auprès de lui. Et dans le camp de l'infini négatif, il n'y aurait personne.

Mais tout diable qu'il soit, il peut tout aussi pardonner. Le pardon est à considérer comme une injustice, surtout si cette absolution est prononcée par une personne qui n'a pas subi le dommage. Sauf si ce pardon tant promis ne s'acquiert que dans certains domaines, et exclu d'autres.

De plus, quels sont les éléments qui peuvent démontrer comme quoi dieu aurait la prérogative, le droit de veto sur diable puisque nous avions établi dans cette vision qu'ils étaient, tous deux, à égalité de force.

Et diable qu'aurait-il à pardonner ? Le fait de bonnes actions ? De par sa définition, il ne soucierait guère d'accueillir une nouvelle recrue, si bonne soit-elle. Au contraire, une de moins dans le camp de son adversaire.

Que pourrait-il craindre ? La trahison ?

Même cette infamie est pour lui un gage de qualité, et elle sied obligatoirement à ses autres pensionnaires malfrats. A ce sujet, même diable recherche une absolue soumission, une sorte de loyauté. Mais cette caractéristique est toujours considérée comme une qualité, au sens positif du terme. Au point qu'elle est assimilée au camp du « Bien ». Diable apprécierait-il les définitions de ce camp adverse ? Ou du moins, les reconnaîtrait-il comme nécessaire ? Il semblerait plutôt que ce que nous éprouvons comme être des qualités, des avantages spirituels, un gage de valeurs du « Bien », ne soient en fait totalement d'une neutralité évidente. D'ailleurs, ne considérons-nous pas l'Amour comme l'emblème de dieu. Et pourtant, diable ne demande-t-il pas qu'on l'adore ? Il ressent ce même besoin que dieu nous réclame.

Les qualités, dans le sens propre du terme, n'ont pas de camp.

Et chaque camp ne peut revendiquer l'entière propriété de la définition d'une qualité.

Au même titre que pour le caractère. Seul l'acte qui s'y rattache peut exprimer l'appartenance de celui qui le commet à un camp ou à un autre.

Et donc, sa cause seule permet un jugement. Mais ce jugement donne lieu, ou plutôt, peut donner lieu au pardon.

Face au nombre élevé de « mauvais », dieu peut craindre le surnombre de son adversaire, et il n'aurait que cette « astuce » pour récupérer, peut-être contre leur gré, un plus grand nombre à ses côtés. Il n'aurait alors pas que des individus parfaits. Il accepterait des « soldats » dont il connaîtrait les défauts. Mais cela est déjà mieux que de ne pas avoir de troupe du tout.

Il a dû s'apercevoir avec le temps qu'il lui serait impossible de remplir son contingent si les règles de sélection étaient trop élevées. C'est en observant les hommes au cours des âges, ne progressant en rien dans le domaine de la sagesse ou de la véritable notion de justice, qu'il s'est vu contraint d'assouplir ses critères.

Si nous étudions l'histoire des civilisations de toutes époques, quel que soit l'appartenance géographique, il ressort que l'injustice a toujours été présente. Elle était occulte ou officielle. Et au regard de ce qu'il se passe actuellement, son règne persiste au grand jour, avec ce qui est nommée « force publique », dictature du système judiciaire (magistrat-police).

Face à cette, du moins, stagnation de la valeur spirituelle de l'humanité, il est certain que le pardon de dieu est une nécessité pour avoir l'ascendant, par le nombre, sur son concurrent. Une affaire de guerre, de politique, de commerce. Il semblerait alors que c'est bien le nombre qui fait loi face à la qualité. Et qu'une quantité d'une valeur moyenne est plus utile pour gagner que d'une élite étincelante. La force reviendrait au quelconque volumineux plutôt qu'à l'exceptionnel rare. Ainsi, dieu et diable en seraient seulement à une sorte de combat démocratique.

Le pardon n'est nul l'apanage du « Bien » mais une nécessité pour sa survie.

Diable aurait-il la notion du pardon ? Il n'a rien à pardonner. Il a juste à prendre les personnes qui sont refusées par l'autre camp. Dans un certain sens, il est plus « ouvert » car il accueille sans avoir à juger, à pardonner. Cette faculté pourrait le rendre plus fort. En effet, dieu nous enseigne à ne pas juger.

Si la faiblesse est une circonstance atténuante, alors le faible a des avantages par rapport au fort dans le sens qu'il peut succomber sans avoir le même jugement, et donc la même punition. Le faible profite alors de son état pour tout se permettre, ou presque. N'est-ce pas l'injustice que d'approprier une valeur de jugement et de pardon par rapport à une circonstance atténuante innée ?

Quoi qu'il en soit, le pardon n'est justifiable que si l'auteur n'a, en aucun cas, pensé, au préalable, qu'il pourrait se repentir pour se dédouaner de sa responsabilité.

Le problème est que si dieu a besoin de nous tester, sur Terre, pendant une longue période, en une ou plusieurs vies, pour nous connaître, c'est qu'il n'a aucun autre moyen. Et dans ce cas, comment se pourrait-il qu'il puisse savoir qu'une faute a été commise sans cette pensée de sauvegarde ultérieure par le pardon ?

En définitive, le pardon n'est qu'une « astuce légale » de dieu pour détourner ses propres lois et ne pas perdre la face.

S'il est un problème de définir la frontière entre le « Bien » et le « Mal », il est une difficulté d'en trouver une pour le pardon.

C'est peut-être bien ici la plus grave décision car elle peut, pour une part infime, induire une injustice irrémédiable et flagrante.

La possibilité de l'existence de la Rédemption

La notion de la possibilité de la rédemption entame celle du test terrestre dans son mode parfait d'équité.

Si la rédemption, par uniquement la volonté de l'esprit, était une option, il suffirait d'assouvir tous nos désirs, et le moment venu, regretter, même sincèrement. L'amnistie des péchés serait une contribution, sans doute, spirituelle.

Certaines religions vont plus loin en affirmant que cette rédemption aurait été faite par un messie, étranger aux actes commis. Comment évoquer la notion d'un rachat par quelqu'un d'autre qui n'est pas coupable ?

Du moins, si ce n'est de ne pas connaître les contraintes et difficultés de la vie matérielle.

Dans le cas d'une possible rédemption, les notions de test, d'épreuves terrestres seraient infondées.

Ce serait de la pure injustice.

Mais, peut-être, était-ce en remarquant que ses critères de sélection étaient trop élevés, ou que sa surestimation du genre humain était plus que probable, que dieu aurait prononcé une amnistie générale pour récupérer quelques âmes.

L'élitisme, de par sa définition, ne peut nombrer beaucoup.

Peut-être, dieu a-t-il préféré récolter de la qualité moyenne que très peu, ou même pas du tout.

Quoi qu'il en soit, pourquoi a-t-il été obligé de sacrifier une partie de lui-même pour la rédemption de l'humanité ?

Certes, cela est une interprétation typiquement humaine qui révèle un orgueil immensurable des croyants qui pensent qu'un proche de dieu se sacrifie pour eux, et pour blanchir des crimes qu'il n'aurait pas commis.
Sans doute n'avait-il aucun autre moyen car, selon la définition de son état de bonté, il n'aurait jamais accepté de faire souffrir. Même un de ses proches.
Mais sait-il, connaît-il réellement la souffrance ?

Ne se pourrait-il pas que dieu manque de moyens et de facultés que certaines croyances veulent bien lui accorder ?
Toujours est-il que cela n'a guère changé l'état de l'humanité.
Toutes les médiocrités persistèrent depuis cette époque jusqu'à nos jours.
Il n'a pas réussi son affaire, si ce n'est que de faire créer d'autres religions.
A quoi bon ?

Si ce n'est que l'augmentation de conflits au sein des hommes qui cherchent à imposer leur propre interprétation sur la nature, ou même simplement le nom, de leur dieu ?!!!

Peut-être, cette souffrance acquise sur Terre lui a-t-elle été nécessaire, en tant qu'expérience, pour juger lui-même de la difficulté de la vie.

Et par conséquent, il aurait assoupli les règles, ses lois.

Mais ce sacrifice apparent ne peut servir en tout état de cause d'absolution permanente, omnipotente de tous les membres du club « Humanité », et ce, ayant vécus durant toutes les époques.

Son utilité serait plutôt en tant que preuve de la discordance, du déséquilibre qui règne sur Terre, et qui fait que le « Bien » a beaucoup de difficultés à survivre, et son mérite d'autant plus important.

Cela pourrait aussi démontrer la nécessité qu'il a d'abaisser les critères de sélection.

Dans tous les cas, cela démontrerait, selon cette croyance, que dieu ne serait pas omnipotent et qu'il userait de la compassion pour bâtir ses églises et récupérer de nouveaux membres.

Nous avons vu précédemment une possibilité comme quoi le jugement de notre vie serait basé sur le point final, la position ultime. Cette vision accepte l'éventualité d'une correction, d'une rédemption.

Deux points finaux, de personnes différentes, ayant la même valeur peuvent être le résultat de successions ponctuelles totalement opposées.

Cette tolérance affaiblie, ou augmentée, c'est selon depuis la position où l'on se trouve pour la juger changerait en fonction de l'évolution de la vie terrestre.

Toujours est-il que la rédemption étant une espèce d'auto-pardon, il laisse la porte grande ouverte à l'abus.

Las de faire ce boulot sans fin, de jugement permanent, dieu a créé la rédemption pour lui permettre de ne pas s'occuper des broutilles.
Il en revient que dans ce cas, nous faisons son job. Ou qu'il a très peu de considérations pour les « fautes », ou qu'elles ne représentent rien.

Une autre possibilité est que la rédemption pourrait bien être une invention purement humaine pour s'autoriser tout, et se pardonner tout…

Mais la clé du véritable succès de cette « grâce » auto immune est la sincérité.

C'est bien là, le réel problème, que cela soit à notre niveau, ou à celui de dieu !

Quoi qu'il en soit, notre problème est la réelle ou supposée sincérité de dieu.

La possibilité de l'existence du Paradis

La notion post mortem en une vision de paradis tel qu'il nous est promis, est irréalisable.

Chacun a un idéal, de vie, de compagnon, d'environnement, et chaque idéal est différent de celui du voisin.

Le paradis est annoncé comme une panacée, une réponse à toutes les espérances.

Comment peut-il y avoir un lieu commun comblant toutes les aspirations différentes de chacun ?!

De plus, le lieu n'est qu'une partie recherchée, la vie et son mode en est son complément indispensable. Un mode de vie idéal pour tout le monde ne peut être qu'une utopie si on considère chaque âme différente, tel que nous pouvons constater chacun des individus, unique tant sur le plan spirituel que des envies. Et dans cet univers où tout est possible de par sa définition, comment peut-on opter, par exemple, pour un environnement balnéaire plutôt que montagneux. Il n'y a pas de choix à définir. Nous pouvons aimer les deux.

Comment serait alors ce paradis ?

De plus, si pour certains qui aiment l'altitude mais n'apprécient pas le froid, dans un environnement où tout est réalisable, nous pourrions avoir de la neige avec une température de 30°C…

Le plus vraisemblable alors, selon cette croyance, serait l'existence de plusieurs paradis, individuels.

Une sorte de motel, ou club de vacances où il n'y aurait pas la vue sur le voisinage, sauf s'il ressort des critères auxquels chacun aspire.

Mais alors, ce paradis individuel userait de robots, d'androïdes, ou pire de réelles personnes obligées de tenir leur rôle en fonction de « l'auteur » bénéficiaire du paradis. En effet, si pour une personne, son paradis est une île avec telle autre personne, mais n'étant pas réciproquement désirée, comment cela se réaliserait-il ?

Soit avec des clones, soit avec la réelle personne. Dans ce cas, cela serait de l'esclavage où le bonheur des uns ferait le malheur des autres, où l'enfer serait, non pas, seulement les autres, mais plutôt le bonheur des autres.

Cette définition ressemble à la vie terrestre, non ??!!

L'autre possibilité de l'existence d'un quelconque paradis serait celui organisé selon la tendance véritable des aspirations de chacun en une universalité de quête, hors des désirs matériels.

Ce paradis serait alors uniquement spirituel et l'icône d'un paradis conçu par un environnement enchanteur, nécessairement illusoire. La promesse d'un remboursement des efforts terrestres par un accès à la matérialité absolue de nos envies, sous la forme de tout ce que l'on veut et désire ici-bas, ne peut être qu'un leurre.

Le véritable paradis, s'il en est de ce remboursement, serait alors purement spirituel. Il est plus noble, peut-être, mais il ne sera en aucune mesure avec le matérialisme et son approche expérimentale temporelle.

Les deux sont nécessaires, sinon pourquoi serions-nous sur Terre ?

Il est certain que ceux qui aspirent à une retraite bien (?) méritée (??) grâce au retour des stocks-options, de l'entreprise divine, acquises tout au long des investissements des soi-disant bonnes actions de leur(s) vie(s) terrestre(s), risquent d'avoir de grosses surprises. Ou du moins, pas de leur goût !

La définition de paradis contient la notion sous entendue d'intemporel. Cette qualité est intrinsèque et indiscutable. Cependant elle représente un espace-temps assez particulier : il n'y a aucune fin, certes, mais il y a un début bien fini, l'entrée dans ce paradis. Ce paradoxe où d'un côté se trouve une limite, et à son opposé, aucune limite est difficile à appréhender comme relatif à de l'intemporalité.

La seule option pour comprendre une telle contradiction est que le temps ne sera plus. A partir de ce point « zéro » de départ qui est l'instant de l'entrée, tout ce qui est, sera. Tout ce qui sera au commencement restera figé.

Difficile dans ce cas d'estimer un mouvement où le temps ne sert pas à mesurer la différence des états des choses.

La notion de temps n'étant qu'une perception liée à notre mémoire, nous pourrions comparer ce paradis figé mais en mouvement comme si nous n'avions aucune espèce de mémoire. Chaque instant présent est l'éternité puisqu'il n'y aurait pas de passé. Sans ce dernier, la notion d'intemporel est assimilable.

Mais serait-ce réellement un paradis ?

Certainement pas, dans le sens de comparable à ce que nous espérons en tant qu'être vivant et conscient de l'existence du temps.

Toujours est-il que nous pouvons estimer cette possibilité d'existence du paradis comme d'un état purement spirituel.

En effet, si nous incorporons un aspect physique, le mouvement d'un changement ne peut être restreint qu'à une perception mais réellement à une existence du temps. Or, nous avons bien défini qu'il ne peut être.

L'autre question est bien évidemment :
Si le paradis existe, l'enfer est-il nécessaire ?
Prouver l'existence de l'un, ne prouve pas l'autre.
Toujours est-il que pour ceux qui n'ont pas accès à cet éden, il y a deux possibilités.

Soit, il leur est réservé un autre « espace » qui n'offre pas tous les mêmes avantages, et que nous nommerons « enfer » ;

Soit, ils n'ont droit à rien, l'enfer n'existant pas, et sont détruits définitivement.

Pour le possible « enfer », la question est de savoir s'il y aurait des grades différents en rapport avec l'importance des fautes commises, ou, si tous seraient logés à la même enseigne.

Cette question sur l'état de « classes » est aussi présente pour le paradis.

Le probable fait serait que, dans le même « lieu » se trouvent les deux camps, et seule la perception en serait différente. Et oui, cette vision de l'au-delà ressemble à ce que nous connaissons de la vie sur la Terre...

Mais, après tout, cette vie terrestre est, peut-être, seulement le théâtre de divertissement pour des dieux, à l'image de la mythologie ?

Et que le paradis n'est qu'une carotte agitée pour nous motiver à vivre, à jouer ces rôles pour ceux qui ne nous considèrent que comme des acteurs...

La possibilité de l'existence de dieu, ou les nécessités « Terrestres ».

L'incertitude est une nécessité.
Et par conséquent, l'imperfection est une nécessité.

* Pourquoi dieu ne prouve-t-il pas l'existence d'une vie post-mortem ?

Si la vie post-mortem était une évidence, aucun effort pour construire quelque chose ici-bas ne serait fait.
Tout au moins, le strict nécessaire serait fait, un minimum de confort, mais qu'en serait-il du superflu ?
En effet, le caractère futile et temporaire de nos possessions serait enfin assimilé. Et plus rien n'aurait d'importance ici, puisqu'il serait plus judicieux de concentrer nos efforts dans un monde gagné à sa cause pour l'éternité.
Ainsi, d'une part, le suicide serait le bienvenu comme la solution à tout problème terrestre.
Et d'autre part, nous n'aurions qu'à simplement attendre, sans rien faire de particulier, sans aucune vague, la fin de cette petite vie.
Que la vie soit très luxueuse ou non, il suffirait d'être patient pour obtenir les clés du tant promis éden, opulent et personnalisé, assorti d'une éternité de jouissance.

Il est probable que la réalité d'une vie après la mort puisse être bien différente de la vision idyllique qu'on nous sermonne depuis des siècles.

Si même était-elle garantie comme meilleure que celle terrestre, quand rien n'irait positivement dans cette vie charnelle, il suffirait de franchir le pas du trépas.

Par ailleurs, la certitude de l'existence d'un tel monde, sans pénalité selon les actes mauvais commis, pourrait engendrer tous les méfaits.

L'auteur, le coupable de vils agissements, plutôt que de subir un emprisonnement, préférerait se détruire, afin de changer d'identité, en passant vers un autre « monde », voire simplement en changeant de « peau », de corps, au cas où la réalité serait faite de réincarnations successives.

Aparté au sujet de ce dogme.

Le problème est celui de la nécessité d'une hiérarchie de toutes les espèces d'êtres vivants, tout comme l'acceptation tacite de la notion de conscience en chacun d'eux. En effet, sans cette dernière, aucune punition n'est une sanction, et vice-versa, pour la « personne » qui la subit au regard de ses actes passés. Le face-à-face avec soi-même afin de faire naître le remords, car la punition ne peut être basée que sur ceux-ci, est nécessaire.

Si l'explication du fonctionnement de la vie d'âme était simplement celle-ci, nous aurions conscience de nos vies passées pour comprendre nos erreurs, et surtout ne pas les renouveler.

Or, ce n'est pas le cas !

Et où serait dieu, dans toute cette histoire ?
La solution est toute autre, et toute ailleurs.

Mais revenons-en à l'évocation de notre échappatoire par l'auto-transfert d'un monde à l'autre, quelle qu'en soit sa forme. De la sorte, aucune punition ne pourrait être infligée, si ce n'est un emprisonnement. Et en aucune manière, la « peine de mort » n'aurait à jamais sa raison d'être, par l'obsolescence de sa notion punitive. Peut-être, celle de se débarrasser d'un gêneur pour en faire profiter d'autres horizons... Tel un bannissement. Quoi qu'il en soit, un cadeau empoisonné pour les habitants du lieu de destination...

Dans les cas de confinement prolongé et contraint, il serait primordial de prendre toutes les mesures de précaution envers le prisonnier pour qu'il ne puisse mettre fin à ses jours, et s'échapper ainsi de ses « obligations ».

Mais, en amont, au cours du jugement, quelle serait la charge retenue contre un tueur si ce n'est celle d'avoir envoyé quelqu'un vers un monde, semble-t-il meilleur ?!

Et aucune blessure, aucune souffrance ne serait à endurer. Passer de l'autre côté serait l'omnipotente universelle solution.

Tout comme la pénibilité et la difficulté qui n'auraient plus lieu d'être.

Mais par-dessus tout, sans toutes ces contraintes qui nous poussent à nous surpasser, à évoluer malgré l'effort, comment pourrions-nous être jugés, du moins « convenablement » ?

Certes, le jugement est nécessaire pour nous départager.

De fait, il est prouvé qu'il y a l'existence du « Bien » et du « Mal », et surtout qu'il y a un camp distinct pour accueillir chaque « personne » selon sa multiple définition, soit par appartenance originelle, soit par choix.

Sans cette dualité d'existence, et sans cette nécessité de séparer les uns des autres, le jugement n'aurait aucune nécessité, et par conséquent, aucune réalité.

Et, il découle donc une autre chose fondamentale, dans cette possibilité, la réalité d'une ligne de démarcation entre ces deux notions antagoniques.

La plus importante réponse qui nous serait le plus utile, serait alors de connaître la densité, l'épaisseur de cette frontière. La limite à ne pas franchir entièrement.

Est-elle comptabilisée par catégories d'acte, ou par un savant calcul de moyenne cumulée sur toute la vie?

Dans le premier cas, il serait des points de non-retour, et par conséquent, pour ceux ayant franchi le pas, la rédemption tant requise n'aurait qu'une valeur symbolique.

Et dans cette condition, pourquoi le contrevenant ne persisterait-il pas dans sa voie maléfique ?

Ou, peut-être, est-ce une astuce du « Bien » pour refréner l'envie promulguée par le fait que la personne n'aurait plus rien à perdre... Entretenir le doute sur une toujours possible rédemption est plus que nécessaire pour contenir toute possibilité de dégénération des actes du fauteur.

En fait, dieu use du petit mensonge par omission, ou plutôt du paravent flou du mystère des lois de l'absolution.

Dans le second cas, il suffirait alors d'une sorte de logiciel qui calculerait et donnerait le résultat pour l'aiguillage terminal de nos existences éternelles.

Mais alors, quid de dieu dans cette histoire de jugement ?

Juste à l'origine de l'installation dudit logiciel, où le paramétrage des curseurs est à déterminer ?

Le jugement de dieu serait alors et d'abord, son estimation des paramètres à inscrire.

Nous constatons que si nous acceptons la réalité du « Bien » et du « Mal », nous devons reconnaître l'existence d'un jugement et d'une sentence à assumer.

Ce, par le fait d'endosser sans condition tout ce qu'il nous arrive, sans utiliser la méthode de simplification du suicide.

Mais, dans ce cas, nous nous retrouvons dans le monde actuel où nous vivons, où nous ne savons rien.

L'avantage de ne pas avoir cette connaissance permet de tester ceux qui ne joueraient pas le jeu autant que les autres, étant tous sur un pied d'égalité.

Et l'avantage, si nous savions, serait de tester notre acceptation à la règle du jeu face à la facilité. Si nous ne savons pas, et qu'il y ait cette possibilité de nous juger sur ce point, c'est bien que la solution est toute autre.

Peut-être est-ce la deuxième, ou plutôt suivante phase de notre existence...

Pour l'heure, certains acceptent leur sort, d'autres moins, et certains autres pas du tout.

Pour conclure ce point, quoi qu'il en soit, l'incertitude est une nécessité, car elle nous oblige à espérer un monde meilleur. Pourtant, notre conscience, si elle était si efficiente, ferait de nous des entrepreneurs pour que notre existence terrestre n'ait que peu de chose à envier à celle promise par dieu.

Cette croyance dévoile un pan entier de notre stupidité.

Finalement, dieu y retire, lui aussi, un intérêt de cette imperfection.

* Pourquoi la vie post-mortem serait-elle éternelle ?

La notion d'éternité de cette partie de notre vie nous est concevable monobloc.

Or, elle pourrait être constituée d'une autre vie segmentée, aussi éphémère que la nôtre actuelle.

Si la certitude était l'existence d'une suite de vies après la mort, quelles qu'elles soient, les personnes qui ne seraient pas heureuses de leur sort actuel n'auraient qu'à se suicider jusqu'à ce qu'ils parviennent à un mode de vie qui leur convienne.

Nous nous retrouvons, ici aussi, face à un autre paradoxe absolu mathématique, puisqu'il est évoqué une notion d'éternité présentant un début, par son entrée en les lieux.

L'éternité est, soit un temps sans fin, et donc, ni même début, soit un temps ne s'écoulant pas. Nous revenons ainsi dans l'environnement primitif de sa non-existence, de la cause originelle où nous étions obligés d'admettre qu'il n'était qu'un paramètre abstrait, virtuel, voire de seconde zone...

C'est pourquoi, la nécessité est de « remettre à zéro » l'esprit à chaque « changement de peau » afin de n'avoir aucune souvenance du passé. Sinon, la peine de mort n'aurait plus lieu d'être. Bien au contraire, plutôt que d'une punition, elle serait une échappatoire.

Tous les délits pourraient être causés sans crainte de préjudice. Le saut dans une autre vie permettrait de ne pas être retrouvé, et sanctionné. Un résultat plus efficace que celui offert par la chirurgie esthétique...

La seule peine serait l'emprisonnement avec toutes les précautions prises pour que le coupable ne s'évanouisse pas dans la nature sidérale, grâce à une auto-destruction. Ce serait alors la peine de vie.

L'exécution capitale serait à considérer comme une expulsion de notre environnement, mais sans savoir où le « malin » pourrait ressurgir. Il faudrait alors attendre un nouveau délit, une nouvelle victime pour essayer de le localiser à nouveau. Ce serait comme le remettre en liberté en effaçant son casier judiciaire, et son identité.

Voilà bien des arguments utiles pour les opposants à la peine de mort.

Aucune maladie, aucun fléau, aucune adversité ne serait à subir. Devant le moindre problème, le suicide serait la panacée.

Que cela soit en la croyance de la réincarnation ou en celle d'une espèce de paradis, la certitude gâcherait nos gestes, nos estimations, nos égards, nos émotions, nos sentiments.

Plus aucun pleur pour un proche qui nous quitte, plus aucune souffrance sentimentale.

Peut-être, juste celle égoïste de ne plus l'avoir auprès de soi.

Et, pourquoi soigner ?
Pourquoi guérir ?
Pourquoi prendre des précautions dans n'importe quelle circonstance ?

Et même, tuer quelqu'un ne serait plus à considérer comme un délit. Aucun acte d'ordre physique, si ce n'est la souffrance infligée par une agression ou par la torture, ne pourrait être retenu comme un crime.
Tout au plus, pour la victime, une « perte de temps » en cette vie.

Si nous considérons nos vies actuelles, qu'a-t-on à envier à celle tant promise ?
L'éradication de la maladie et des problèmes liés aux accidents ?
Certes. Il suffirait alors de supprimer cette part dans le domaine des aléas. Plus facile à dire qu'à faire, mais la science et la médecine font reculer chaque jour, ces contraintes.

Ensuite, la vieillesse ?
Là aussi, notre « connaiscience » (connaissance-conscience-science) sur le fonctionnement cellulaire nous permet de vivre mieux, de meilleure façon et plus longtemps.
Ainsi, ces facteurs sont, en partie, de notre ressort.

L'accession à la propriété matérielle ?
Pour certains, elle est ce qu'il se fait de mieux. La problématique ne se pose que sur l'absence, non pas de répartition, mais de diffusion.

En effet, pourquoi partager, ce qui n'est que le fait de retirer à l'un pour donner à l'autre, alors qu'il est plus juste et judicieux de produire suffisamment pour contenter de leur accession aux dépossédés ?

Il reste l'autre pan du fondamental : La nourriture et un toit assurés.

Sur tous ces points, cela ne dépend que de nous. Il n'est point besoin d'une divinité pour l'entreprendre, l'organiser et le réaliser.

La guerre, ou plutôt la paix ?

Mais, ce facteur ne concerne, là aussi, que nous autres, les Hommes. Il ne dépend que de nous que la paix règne sur Terre, de gré, ou de force. Il suffit que les hommes dirigeants les autres hommes deviennent « raisonnables » pour s'entendre, ou contraindre à la paix.

Ou du moins, d'exterminer les gêneurs, ou encore moins, de les réduire dans leurs possibilités d'action et de parole. Quelle que soit la position, c'est une chose réalisable, soit par la sagesse, soit par l'autorité. Il n'y a pas besoin d'une divinité pour obtenir la paix, car elle aussi emploiera, soit l'acceptation, soit la résignation, soit la force, soit l'exclusion. Les options d'agissements sont toujours les mêmes quel que soit le stade ou l'échelon de l'univers.

Hormis cela, que reste-t-il de mieux à espérer ?
L'éternité ?
Mais, nous en avons déjà un aperçu, sous une forme éphémère.

Quelle serait la différence ?

Juste la notion d'une garantie permanente, car l'instant vécu serait le même.

Cette vie tant espérée, nous pourrions déjà en avoir une bonne partie dès à présent, car certains de ses critères sont à notre portée ; pire, ils sont de notre propre choix, de nos propres décisions, de nos propres résolutions.

Cela ne dépend que de nous, soit à un niveau individuel, soit à un niveau communautaire, voire collusif..

* Pourquoi dieu ne prouve-t-il pas son existence ?

La certitude serait subordonnée à la connaissance de toutes les réponses à toutes les questions.
Nous devrions être dans la confidence de l'omniscience.

Et si nous avions l'assurance de son existence, sans avoir celle de l'après-vie terrestre, que ferions-nous ?

Certes, nous aurions aussi l'affirmation de l'existence de son opposé, de son rival, si tel était le cas.

Mais, notre seule préoccupation serait de deviner, d'interroger, de harceler même cette divinité pour savoir ce qui nous attend. Déjà, le faisons-nous en priant pour un oui, ou pour un non...

Et face à notre vision du bon côté de cette divinité, nous estimerions qu'une seule issue nous est bénéfique.

Quoi qu'il en soit, l'espoir du « vulgum pecus » se porterait en une récompense à la hauteur de ses espérances et de son estimation en les capacités divines.

Cette quête ultime d'un futur monde confortable permet de supporter l'imperfection, de la subir sans trop se rebeller contre l'adversité.

Mais cette acceptation est, pour l'heure ici-bas, qu'au bénéfice des seuls profiteurs, occupants du même lieu.

L'injustice est nécessaire pour éprouver l'Homme.

Si la sanction était immédiate, elle serait, d'une part, sûre et certaine, et d'autre part, elle ne pourrait engendrer une désobligeance envers le libre arbitre.

La confrontation avec l'injustice ou l'absence de justice démontre la force de la foi.

Face à leurs hypothétiques existences, l'Homme est confronté à un choix qui n'est pas seulement gouverné par la crainte de la punition ou par la « carotte ». Ainsi, sachant que l'injustice est présente, et surtout que la punition divine n'est pas certaine, il est plus aisé pour dieu d'établir la valeur de l'âme de chacun si son choix n'a pas été seulement dicté par sa crainte de punition ou par son espoir de récompense, mais plutôt par sa propre volonté d'une certaine noblesse, sans aucune considération du risque encouru.

Ne pas aimer l'acte malsain juste parce qu'il est laid, et non, par la crainte du jugement ou du supplice.

Ainsi, la présence d'injustice associée à l'absence de certitude quant à un châtiment systématique dans son acte immédiat sont des paramètres nécessaires, obligatoires et utiles pour dieu afin d'affiner son jugement par une pertinence d'estimation sur sa considération envers l'Homme.

A ce titre, il est évident que dieu n'est pas si omnipotent que nous nous l'étions imaginé, puisqu'il a besoin de stratagèmes pour nous cerner. C'est bien qu'il n'a pas le pouvoir, la capacité, le don pour le faire d'office, juste comme un scanner peut le faire pour notre corps.

L'homme réagirait différemment et d'une manière certaine et systématique si, à tout mauvais acte, une punition divine immédiate s'accomplissait. PAVLOV en sait quelque chose...

C'est, peut-être, pour cacher sa non-omnipotence, pour garder ce secret qui le ferait déchoir sans délai de son piédestal de divin, que dieu entretient le mystère, usant cependant de l'aura, et qu'il ne nous apparaît pas distinctement, du moins personnellement...
Quoi qu'il en soit, dieu ne pourra juger et punir que les actes qui ne sont pas punissables, ou qui n'ont pas été punis, ou insuffisamment punis sur Terre, tant par les moyens que par la quantité, que cela soit par les hommes ou par la Nature, sinon dieu nous infligerait, injustement, une double-peine.
Sa tâche, si elle est de nous juger, est, à la fois, ardue, fastidieuse et kafkaïenne. Somme toute inintéressante et chronophage, même en un lieu où le temps n'existe pas !
Entreprendre une telle corvée est plutôt une punition, une condamnation.
Dieu serait presque l'esclave de nos péchés, à passer son temps à évaluer nos actes d'insignifiants esprits.
Ce n'est pas le travail d'un dieu...
A moins, qu'il n'ait que cela à faire...

La Relativité et la Mécanique Quantique.

Nous ne pouvons parler de raisonnement mathématique sans parler de physique, du moins théorique.
Tout est lié.
La Relativité et la Mécanique Quantique trouvent leur correspondance en métaphysique.
Einstein ne s'est pas gêné pour user, utiliser et abuser de cet extravagant inapproprié joker, pour tenter de démonter, en vain, la seconde théorie qui devenait dangereuse pour sa consécration obtenue par la première.
A bout d'argument scientifique, le soi-disant plus grand savant de l'époque, et même du 20ème siècle, a déclaré en contestant la Mécanique Quantique :
« Dieu ne joue pas aux dés ! » !

La plus stupide réflexion d'un homme dépassé, englué dans son aura de réputation médiatique, drogué d'une célébrité empoisonnante de son orgueil démesuré.
Pris à son propre piège.
Voici donc, une des deux erreurs fondamentales du raisonnement d'Einstein, la première étant sa fameuse, erronée, facile équation...
Si nous envisageons dieu, nous ne pouvons que l'estimer omnipotent, et capable de créer, d'obtenir tout ce qu'il veut. C'est la définition d'un dieu dans toute configuration monothéiste.

Donc, si nous acceptons comme authentique, et donc la vérité absolue, que l'Univers fonctionne sous la théorie de la Relativité, une équation rigide, figée, où tous les résultats sont prévisibles et surtout innégociables, alors, comment un dieu, de ce nom et de cette définition, pourrait-il assouvir ses moindres désirs et ses quatre volontés ?!

Un dieu qui serait soumis à l'obligatoire dictature de résultats préétablis, sans aucun moyen d'échappatoire, de contournement, de dérivation, bref, à un univers géré par des équations contredisant et contrariant son bon vouloir, ce dieu ne serait un dieu, ce dieu ne serait pas dieu.

Pour que dieu soit dieu, il lui faut avoir des latitudes de mouvements, et seul, ce que nous, pauvres hommes, nommons « Hasard », peut lui donner toutes les marges de manœuvres possibles, l'Aléa.

Et l'aléa est la base de la Mécanique Quantique.

Ainsi, si dieu est dieu, la Mécanique Quantique est bien ce qui répond à ses moindres exigences, sans être ligoté par quoi que ce soit.

Et si dieu est dieu, la Mécanique Quantique est la réelle définition de l'Univers.

Einstein, le soi-disant génie, a fait l'erreur de sa vie.

En utilisant un argument non scientifique, il a malgré lui, donné un argument irréfutable à la vie de la théorie qu'il voulait démonter, et par la même occasion, il a prouvé les limites de la sienne, si ce n'est causé sa mort.

Pour en revenir à ces perspectives physiques ;

D'une part, dieu est assimilé à la rigueur, à la droiture, l'ordre.

Et ce qui s'appliquerait à son domaine selon notre archaïque vision de lui, serait la Relativité.

Or, nous avons démontré que c'est bien le contraire.

Et par ailleurs, diable est assimilé au « bordel », le n'importe quoi, le désordre.

Ce qui ferait son domaine de la Mécanique Quantique. Or, nous venons de démontrer, par défaut et par opposition, que dieu a déjà ce champ d'évolution.

Il reviendrait donc à diable, celui de la Relativité.

Cela sous-entend un certain ordre, une certaine rigueur, ce qui confine à l'exact opposé de ce que l'on se faisait de lui, de son image.

De même pour dieu.

Et donc, en définitive, si dieu n'était pas dieu, et diable pas diable, et si l'on se trompait sur leurs rôles, leurs missions, leurs fonctions, leurs domaines, leurs valeurs ?

Que leurs rôles soient inversés par rapport à notre consensus moral ?

Diable serait : la Relativité et ses mathématiques et géométries absolues contenues, le monde fini, le concret, le monde « civilisé » communautaire et sociétal, la rigueur, l'ordre, la servitude et l'obéissance, la certitude, la connaissance, le calcul et la stratégie, la maîtrise du savoir, la destinée, la fatalité et le destin, les constructions et l'architecture.

Et dieu serait : la Mécanique Quantique et ses résultats multiples et formes diverses et variées à l'infini, le monde de l'infini, l'abstrait, l'individualisme, la fantaisie, le chaos organisé, la liberté et l'anarchie, la candeur, l'ignorance, la spontanéité et l'improvisation, l'aléa, le libre arbitre, la Nature.

Ou vice-versa, dieu serait le diable tel que l'on se l'imagine, et diable serait dieu tel que l'on ne se l'imagine pas.

Et si l'Homme n'était pas la création de dieu, mais plutôt de diable ?

Le ver dans le fruit, le « Mal » en l'Homme serait plutôt le « Bien », ce qui voudrait dire que l'Homme est fondamentalement mauvais, et que l'effet qui tente de le pervertir, pour le rendre « bon », provient des manigances de dieu.
Le vice, dans le sens de dévergondage, d'altération de ce qui est déjà, serait du camp du « Bien ».
Un caractère vicié pour la « bonne » cause.

Étrangement, cette conception, cette vision ressemble davantage à la réalité que nous connaissons, que nous vivons, plutôt qu'à celle que l'on nous a fait croire depuis l'aube des temps des croyances, de la conscience.

Nous serions alors, non pas en présence de la théorie du « Bon sauvage », mais plutôt du « Mauvais », voire du « Salaud sauvage ».

De ce point de vue, de nombreuses choses, restées inexpliquées et inexplicables jusqu'alors, s'éclaircissent, et deviennent plausibles de logiques.
Outrageusement logiques.

Cela expliquerait beaucoup de déconvenues, de choses aberrantes, notamment le point fondamental, le paradoxe établi par le fait que nous soyons bien loin de la perfection (du côté « Bien »), alors que, soi-disant, nous aurions été créés par dieu, un individu omnipotent et qui nous demande d'être parfait.

La question fondamentale étant :
Pourquoi ne nous a-t-il pas créés parfaits, du moins à l'image de ce qu'il voulait que nous soyons, au lieu de nous faire lamentables, et nous pousser à agir contre nos natures de débiles.
Cela lui aurait évité de s'arracher les cheveux face à nos incessantes « maladresses ».

Et puis, il y a, par rapport à notre éducation, ces dissonances des qualités énoncées, même paradoxales quant à nos définitions que nous nous faisions à leurs sujets, car celles attribuées à dieu ne sont pas si attrayantes de respectabilités, et celles à diable, pas si dégoûtantes de médiocrités…

Une fin de construction.

Dans tout, cela, qu'en est-il de dieu ?

Il est certain que, face à l'Homme, sa position est moins confortable que celle de diable.

Le premier doit s'armer de patience et de persuasion pour maintenir, « tant bien que mal », au moins un certain équilibre, flirter avec la limite qu'il s'impose, tandis que l'autre sait que tôt ou tard, chacun de nous peut tomber, aller, errer dans son camp par mégarde, sans même s'en rendre compte, et ce, sans même qu'il ait la nécessité d'agir, ou le besoin de nous influencer.

Le combat du « Bien » contre le « Mal » est une sorte de campagne électorale où l'abstinence de vote revient à voter pour l'autre.

En définitive, l'interrogation inquiétante ne serait pas si une divinité existe ou pas, ou s'il y a une vie post- mortem ou pas, ou s'il n'y a absolument rien, « l'existence d'un néant », mais bien s'il y a une vie post-mortem, ou son équivalence, sans qu'il y ait une entité supérieure.
Si nous étions tous, par chacun de nous, une partie de cette entité, à jamais condamnés à côtoyer les mêmes « personnalités », sans avoir une réponse

universelle, la terreur spirituelle proviendrait de par cette absence de protection supérieure, de par cette absence d'un mode positif définitif rassurant, de par cette absence de patriarcat, de protectorat, de repère.

Nous n'en serions qu'à nous en prendre à nous-mêmes, de nos malheurs, et à faire de nous-mêmes les ouvriers pour réaliser nos espérances et désirs.
Sans ce pouvoir dictatorial divin dans cette autre vie, l'anarchie par la démocratie serait identique à celle que nous réalisons en « organisant » notre planète depuis l'aube des temps de l'Humanité.

Quant à la réincarnation, une succession de vies ne ferait que nous laisser dans l'interrogation permanente, sans avoir de réponse, sauf peut-être, sporadiquement, entre les parenthèses du passage d'une vie à l'autre.

Et si la réponse était nous-même ?
Par le néant de nos espérances.

On s'attend à ce que nous ayons une réponse à tout, une explication à tout, une justification à tout, mais, pour cela, il faudrait admettre, ce qui est la fondamentale définition même d'un dieu, que ce dernier ait toujours raison, et sa raison.

Mais, dieu, malgré toutes les raisons qu'il puisse mettre en avant au sujet de tous ses actes décidés, ne se pourrait-il pas qu'il puisse avoir une seule fois tort, ou du moins, ne pas avoir toujours raison, ou du moins, pas totalement raison ?!

Dieu n'échappe pas à la complexité du facteur du point de vue. Du sien, cela est « Bien », mais d'un autre...

La dichotomie paradoxale est là, puisque, dans un cas, il n'y aurait juste qu'à apprendre et à accepter de sa part, sans qu'aucune discussion ne puisse être établie avec lui, ou dans l'autre, il y aurait cette possibilité de lui démontrer son erreur, et par une seule, le fait qu'il ne serait plus dieu, ou pas tant dieu qu'il le prétend.

Sa propre définition démontre son infaillibilité, et le risque que nous découvrions qu'il n'est pas un dieu à part entière.

D'un côté, dieu, s'il est comme la pure définition, serait un dictateur, et d'un autre, il ne serait pas lui-même.

Quel serait ce dieu de bonté tant ressassé, si la discussion avec lui est impossible.

Et finalement, serait-ce vraiment un dieu s'il avait à se justifier ?

Le véritable risque de dieu est qu'il accepte la discussion, car si une seule erreur était démontrée, son statut divin serait mis en porte à faux, il serait même mis à jour son imposture, son usurpation d'identité...

La problématique de l'existence de dieu est qu'elle implique son pendant opposé.

En effet, pour ceux qui ne seraient pas admis en son sein, il faut bien qu'il y ait, ne serait-ce qu'un coin à rebut, même s'il n'y a pas de punition et de souffrance infligées.

L'existence de diable est quasiment irréfutable. Mais, s'il était presque aisé de se représenter dieu, puisque la bonté a ses propres limites, en ce qui concerne son « alter ego », rompu à la sale besogne, ses visages autant que ses actions en son domaine sont infinis.

Nous en serions donc à examiner plutôt ce que pourrait être diable, et, en définitive, si, lui aussi, était à la hauteur de nos espérances, celles de punir les salauds.

Le paradoxe du « Mal » est qu'il doit cibler précautionneusement vers qui il va entreprendre son devoir, ses obligations contractuelles. Il ne peut exercer ses talents sur de mauvaises personnes, puisqu'elles sont déjà dans son camp, et qu'elles pourraient tourner casaque.

Ainsi, les personnes du « Bien » sont les seuls objectifs des autres.

Mais qu'en est-il de la réciprocité ?
Quelle est la cible de ceux du « Bien » ?
Étrangement, tout comme leurs adversaires, leur propre bien-être.

Pour les premiers, c'est de faire du bien pour gagner la « terre promise », et pour les autres, de tirer immédiatement le meilleur parti, le meilleur bénéfice, jusqu'au détriment de l'autre.

L'égocentrisme est omniprésent, quel que soit le camp. Seul le moyen et les buts à atteindre sont différents.

Presque pas opposés, en définitive.

Pour les uns, les bénéfices seront un retour sur investissement *ad libitum* dans un futur ailleurs, alors que pour les autres, ils les dépensent *hic et nunc*.

Si nous convenons que la réincarnation existe, et que nous subissons les affres de nos erreurs de notre vie passée, il convient d'admettre que le malheur que nous subissons actuellement est nécessaire à ce que nous appellerons rédemption, rachat de nos péchés.

Il convient donc de comprendre que le malheur a son utilité et sa justification, et que les malheureux ne font que subir un juste retour des choses, et que les aider contreviendrait à leur avantage de pouvoir expier.

L'aide serait contre-nature et contre-productive.

Il est un facteur important à ce titre du malheur, au regard de la constante omniprésence des oppresseurs au fil du temps et dans tous les types de civilisation.

Si la réincarnation est la réalité, puisque nous observons que le « Mal » est toujours aux rênes des pouvoirs, il ressortirait que les rôles seraient toujours les mêmes, la seule différence étant que seuls les acteurs changeraient.

Cela voudrait dire que les oppressés d'avant sont devenus des oppresseurs, et que par conséquent, ils sont aussi salauds que ceux qui les torturaient dans leurs vies antérieures.

Et comme ils auraient à être punis dans la vie suivante, cela en constituerait un cercle vicieux sans fin.

Mais aussi et surtout, par le turn-over du jeu des « chaises musicales » des vies, il apparaîtrait que l'humanité toute entière, ou presque, serait du « Mal », puisque les oppressés d'avant n'étaient pas des « gentils » mais seulement des « salauds » qui n'avaient eu, ni l'opportunité de dévoiler leurs réelles aspirations, ni le pouvoir d'exprimer leurs réelles pulsions.

Et si dieu, celui dont on s'en fait l'idéal, le maître du « reset », de la remise à zéro, ce dieu, et s'il n'était pas à la hauteur de nos espérances ?
Un juste retour des choses, vu que nous ne sommes pas à la hauteur des siennes à notre sujet.
Mais, plutôt, s'il était aussi ridicule de médiocrités que l'Homme ?
Si, plutôt, dieu était à l'image de l'Homme...

Mais nos constatations nous obligent à entrevoir une autre réalité, sans doute, la plus authentique, du moins, la plus probable.
Si nous poursuivons notre développement précédent, dans le cas où nous serions à l'image de qui que ce soit, il faut bien reconnaître que cette divinité serait plutôt diable que dieu. Nous ne sommes piégés que dans l'image que l'on nous a inculquée autant de lui que de nous.

Diable nous a fait à son image, car nous serions ses créations, si mauvaises et si imparfaites.
Et dieu essaye par tous les moyens de nous détourner de lui, en tentant de nous changer, nous tentant par ses promesses, alors que diable ne fait rien pour nous garder, ne nous promet rien.

La bonne question était là, sous nos yeux :
Pour quelle raison nous changer si nous venons de ce lieu de création ? !

Ne nageons-nous pas dans une entière confusion, la plus grande erreur de notre existence, celle de croire que la divinité qui nous aurait créés serait dieu,
 ou plutôt, que nous avons été créés par une divinité que nous appelons dieu, mais, qui en fait, serait diable ?
Nous vouerions alors un culte à une autre personne, nous trompant sur son identité, mais qui ne serait cependant pas un imposteur, puisqu'il ne serait pas le responsable de notre méprise, de notre confusion des genres, mais seulement due à notre ego qui nous joue de nous gargariser du fait que nous sommes bons.

La vie est un mélange de leurs deux mondes, où les deux présentent d'intéressantes perspectives, non dénuées de sens et d'attraits.
Ainsi, le meilleur des mondes serait de prendre ce qu'il y a de mieux en chacun.
Un point qui nous rappelle notre démonstration selon laquelle le plus juste est de n'appartenir à aucun des camps, ou du moins, d'avoir un pied dans chaque.
A condition de n'être que bipède…
Et de ne pas être contraint à choisir un camp…

About the author

Laurent GRANIER is a French author, an eclectic writer, of philosophy as much as movie scenario or concept of Reality TV. He is a master philosopher as well as a theoretician. His other books talk about different subjects; one about the possibility of the existence of God, another one about anew theory treating the Dinosaurs extinctions and another one about the theory of Relativity in comparison to Quantum Mechanics. In this last field, Laurent GRANIER is the one who has found the Einstein's mistake inside his theory of Relativity. As an inventor, he holds more than 25 patents. E.g. the "Bank Gift Card" is his invention. Since he is an expert in intellectual property, a book on the big mistakes in the system of invention protection and its fake laws is written.

In addition, he is a designer.

His capacity to analyze deeply everything enables him to find a solution to any problem.

Laurent GRANIER is a sensitive, open minded autodidact. Open eyes, open ears, he never keeps quiet in front of injustice, fighting it everywhere." He is the founder of the NGO foundation « ANOTOW – Another Tomorrow ».

This book has been written by Laurent A.C. GRANIER,

Work protected by Bern Convention Laws about Intellectual Property.

All rights reserved and exclusive for a part or the entire text, in any language, for the story and for the idea.

Printed in 2015.

First edition of French version.

Première édition en français de la version originale.

Imprimé en 2015.

The Cocker Publisher

www.thecockerpublisher.com
courriels: contact@thecockerpublisher.com
Copyright © 2010 and 2015 Laurent A.C. GRANIER.
All rights reserved.
ISBN: 978-2-9515070-4-3
ISBN-13: 9782951507043